essentials

Essentials liefern aktuelles Wissen in konzentrierter Form. Die Essenz dessen, worauf es als „State-of-the-Art" in der gegenwärtigen Fachdiskussion oder in der Praxis ankommt. *Essentials* informieren schnell, unkompliziert und verständlich

• als Einführung in ein aktuelles Thema aus Ihrem Fachgebiet
• als Einstieg in ein für Sie noch unbekanntes Themenfeld
• als Einblick, um zum Thema mitreden zu können

Die Bücher in elektronischer und gedruckter Form bringen das Fachwissen von Springerautor*innen kompakt zur Darstellung. Sie sind besonders für die Nutzung als eBook auf Tablet-PCs, eBook-Readern und Smartphones geeignet. *Essentials* sind Wissensbausteine aus den Wirtschafts-, Sozial- und Geisteswissenschaften, aus Technik und Naturwissenschaften sowie aus Medizin, Psychologie und Gesundheitsberufen. Von renommierten Autor*innen aller Springer-Verlagsmarken.

Claudia Franzheim · Marion Mosch

Ambulante Neuropsychologie im Bereich der beruflichen Teilhabe

Eine Einführung für Psychotherapeut:innen

Claudia Franzheim
Praxis für Neuropsychologie
Bonn, Deutschland

Marion Mosch
MOSCH - Neuro-Rehabilitation
Kevelaer, Deutschland

ISSN 2197-6708   ISSN 2197-6716   (electronic)
essentials
ISBN 978-3-662-73358-5   ISBN 978-3-662-73359-2   (eBook)
https://doi.org/10.1007/978-3-662-73359-2

Die Deutsche Nationalbibliothek verzeichnet diese Publikation in der Deutschen Nationalbibliografie; detaillierte bibliografische Daten sind im Internet über https://portal.dnb.de abrufbar.

Planung/Lektorat: Heiko Sawczuk
Springer ist ein Imprint der eingetragenen Gesellschaft Springer-Verlag GmbH, DE und ist ein Teil von Springer Nature.
Die Anschrift der Gesellschaft ist: Heidelberger Platz 3, 14197 Berlin, Germany

Was Sie in diesem *essential* finden können

- Einen Überblick über berufliche Teilhabeaspekte
- Eine Einführung in neuropsychologische Aufgabengebiete im Bereich der beruflichen Teilhabe
- Eine praxisnahe Darstellung von Interventionsansätzen
- Einen Einblick in zwei neuropsychologische Arbeitssettings bei der beruflichen (Wieder-)Eingliederung
- Eine Beschreibung von Einflussfaktoren auf den (Wieder-)Eingliederungsprozess

Vorwort

Die *essentials*-Reihe zur klinischen Neuropsychologie bietet einen kompakten Einblick in die vielfältigen Arbeitsfelder dieses spannenden Fachgebiets. Mit dem vorliegenden Band möchten wir den Blick um ein zentrales Thema erweitern – die berufliche und soziale Teilhabe von Menschen mit erworbener Hirnschädigung.

Berufliche Teilhabe ist weit mehr als der Wiedereinstieg in den Beruf. Sie steht für Lebensqualität, Selbstwirksamkeit und gesellschaftliche Integration. Neuropsycholog:innen begleiten Betroffene von der Akutphase bis zur nachhaltigen (Wieder-)Eingliederung und leisten damit einen entscheidenden Beitrag zur Rückkehr in ein selbstbestimmtes Leben.

Dieses Buch entstand in einer Zeit, in der die Umsetzung der neuen Gebietsweiterbildung für Psychotherapeut:innen intensiv diskutiert wurde, aber auch Fragen zur zukünftigen Rolle neuropsychologisch qualifizierter Kolleg:innen ohne Approbation aufkamen. Gerade der Bereich der beruflichen Teilhabe eröffnet hier sowohl approbierten Neuro-Psychotherapeut:innen als auch nicht approbierten Neuropsycholog:innen ein breites Tätigkeitsfeld, welches interdisziplinäres Denken, diagnostische und therapeutische Fertigkeiten sowie sozialrechtliches Wissen vereint.

Im beständigen Wandel sind auch die rechtlichen, strukturellen oder konzeptionellen Rahmenbedingungen in der beruflichen Teilhabe, sodass hier nur eine grobe Darstellung einiger Bereiche erfolgen kann.

Alle Inhalte basieren auf unserer langjährigen klinischen Praxis in unterschiedlichen neuropsychologischen Arbeitskontexten. Wir fokussieren uns insbesondere auf unsere aktuellen ambulanten Arbeitssettings und verweisen für den stationären Bereich auf die weiterführende Literatur im Anhang. Viele dargestellte Ansätze, Fallbeispiele, Haltungen und Empfehlungen sind aus unseren praktischen

Erfahrungen heraus entstanden und sollen Studierenden, Therapeut:innen und Praktiker:innen Orientierung und Impulse für die eigene Arbeit geben.

Unser Ziel ist es, die Begeisterung für die neuropsychologische Tätigkeit zu vermitteln und Mut zu machen, die oft komplexen Prozesse der beruflichen und sozialen Teilhabe aktiv und kreativ mitzugestalten. Denn diese Arbeit ist nicht nur sinnvoll – sie bleibt immer herausfordernd, spannend und bereichernd.

Unser besonderer Dank gilt allen Betroffenen, die wir im Rahmen ihrer beruflichen und sozialen Teilhabe begleiten durften, für die vielfältigen und inspirierenden Einblicke in ihren Lebensalltag. Nicht zuletzt bedanken wir uns bei unseren Kolleg:innen, Familien und Freund:innen, die uns bei diesem Buchprojekt unterstützt haben, sowie beim Springer Verlag für die vertrauensvolle Begleitung.

Bonn, Deutschland   Claudia Franzheim
im Januar 2026   Marion Mosch

Inhaltsverzeichnis

Einführung

1

Berufliche Teilhabe ist ein zentrales Ziel der neurorehabilitativen Versorgung. Für viele Menschen mit erworbener Hirnschädigung ist die Wiederaufnahme einer beruflichen Tätigkeit das sichtbare Zeichen der Überwindung der Krankheit und deren Folgen. Nach van Velzen et al. 2009 gelingt jedoch nur etwa 40 % der Betroffenen nach ein bis zwei Jahren der Return to Work (RTW).

Dabei ist das Erreichen der beruflichen Teilhabe in vielerlei Hinsicht bedeutend. Sie umfasst neben der Erwerbstätigkeit, auch Tages- und Wochenstrukturierung, Selbstwertstärkung, das Erfahren sozialer Wertschätzung, Sinnstiftung, Sicherung des gesellschaftlichen und finanziellen Status, Sozialkontakte, Aktivität und kognitive Anforderung. Eine erfolgreiche berufliche Integration verbessert daher nicht nur die Lebensqualität der Betroffenen; sie reduziert außerdem den Bedarf an Gesundheitsressourcen (Wallesch und Kulke 2017).

Epidemiologisch ist die gesellschaftliche Relevanz offensichtlich: Jährlich erleiden in Deutschland etwa 225.000 Menschen ein Schädel-Hirn-Trauma (ZNS-Stiftung[1]), 270.000 erkranken an einem Schlaganfall (Stiftung Deutsche Schlaganfall-Hilfe[2]) und bei rund 15.000 wird Multiple Sklerose diagnostiziert (DMSG[3]). Dank verbesserter Akutmedizin überleben heute mehr Menschen auch schwerste

---

[1] https://www.hannelore-kohl-stiftung.de/presse/pressemitteilungeneinzelansicht/news/neue-studie-zu-schaedelhirntraumata-zeigt-wie-haeufig-schwere-folgeerkrankungen-auftreten/, zugegriffen am 21.01.2026.

[2] https://www.schlaganfall-hilfe.de/de/verstehen-vermeiden/was-ist-ein-schlaganfall#0, zugegriffen am 21.01.2026.

[3] https://www.dmsg.de/multiple-sklerose/was-ist-ms, zugegriffen am 21.01.2026.

© Der/die Autor(en), exklusiv lizenziert an Springer-Verlag GmbH, DE, ein Teil von Springer Nature 2026
C. Franzheim, M. Mosch, *Ambulante Neuropsychologie im Bereich der beruflichen Teilhabe*, essentials,
https://doi.org/10.1007/978-3-662-73359-2_1

1

Hirnschädigungen. Damit steigt die Zahl derer, die langfristige Unterstützung bei der beruflichen und sozialen Reintegration benötigen (Fischer und Küst 2009).

Neuropsycholog:innen begleiten Menschen mit erworbener Hirnschädigung von der Akutphase über die Rehabilitation bis zur nachhaltigen Rückkehr in Alltag und Arbeit. Dabei werden die anhaltenden kognitiven, psychischen und körperlichen Beeinträchtigungen berücksichtigt. Während motorische Einschränkungen häufig sichtbar sind (z. B. beeinträchtigte Funktionen der Gliedmaßen bzw. der Mobilität), bleiben viele kognitive Defizite – etwa in den Bereichen Aufmerksamkeit, Gedächtnis, Planungsfähigkeit, emotionales Erleben oder Verhalten – für das Umfeld zunächst unsichtbar. Zudem offenbaren sich manche Schwierigkeiten in der stationären und ambulanten Rehabilitation durch die dort bestehenden strukturierenden Rahmenbedingungen noch nicht. Erst in der Lebensrealität – zu Hause oder im Beruf – treten sie zutage. Reuther et al. (2012) bezeichnen die Konfrontation mit der völlig veränderten Lebenssituation als „Praxisschock".

Im gesamten Prozess der (Wieder-)Eingliederung entwickeln sich Ziele und Rahmenbedingungen dynamisch. Die Erwartungen der Betroffenen, der Arbeitgeber:innen, der Angehörigen und der Kostenträger sind nicht immer deckungsgleich. Auf Grundlage ihrer fachlichen Expertise integrieren Neuropsycholog:innen diese Perspektiven, übersetzen Funktionsniveaus in alltagsrelevante Handlungsoptionen, fördern Krankheitseinsicht und Selbstregulation und unterstützen die Entwicklung tragfähiger, abgestimmter Schritte zurück in eine berufliche Tätigkeit.

1.1   Phasenmodelle der Rehabilitation und Bezugsrahmen ICF

Die Rehabilitation verläuft von der Akutbehandlung über den weiteren Genesungsprozess im Rahmen von Kliniken und Rehabilitationseinrichtungen. Zur Kategorisierung erfolgt eine indikationsunabhängige Einteilung in drei Phasen: medizinisch (Phase I), medizinisch-beruflich (Phase II) und beruflich (Phase III).

Hinsichtlich der individuellen, gezielten Versorgung und Planung von Maßnahmen der Rehabilitation hat der Verband deutscher Rentenversicherungen VDR (1995) die Phasen A-F definiert, welche von der Bundesarbeitsgemeinschaft für Rehabilitation BAR[4] für die neurologische Indikation spezifiziert wurden (siehe

---

[4] https://www.bar-frankfurt.de/fileadmin/dateiliste/_publikationen/reha_vereinbarungen/empfehlung/downloads/empfehlungen_zur_medizinisch_beruflichen_rehabilitation_in_der_neurologie.pdf, zugegriffen 21.01.2026.

Tab. 1.1 Die 6 Phasen der Rehabilitation nach der BAR

Phase	Bezeichnung	Ziel/Merkmale
Phase A	Akutversorgung	Lebensrettung, Stabilisierung
Phase B	Frührehabilitation	Verbesserung Bewusstseinszustand, erste Mobilisierung
Phase C	Weiterführende Rehabilitation	Aktive Mitarbeit in Therapie möglich, Selbstständigkeit bei Aktivitäten des Alltags fördern
Phase D	Anschlussheilbehandlung (AHB)	Selbstständigkeit fördern, Rückkehr ins Alltagsleben vorbereiten
Phase E	Berufliche Rehabilitation und Nachsorge	Ambulante Maßnahmen, berufliche Eingliederung
Phase F	Langzeitpflege	Dauerhafte Pflegebedürftigkeit

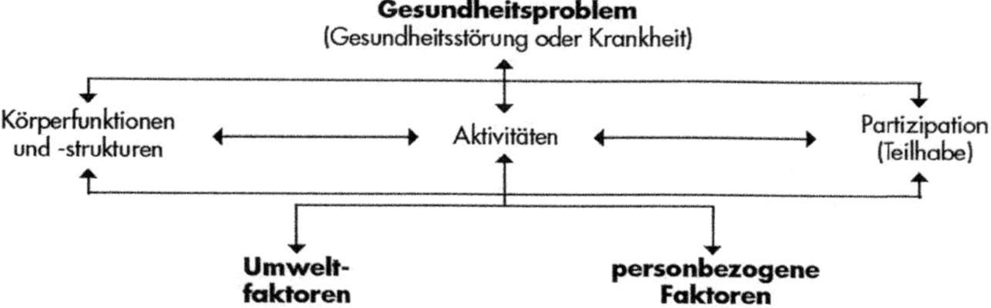

Abb. 1.1 Bio-psycho-soziales Modell der ICF

Tab. 1.1). Der Übergang von einer Phase in die nächste richtet sich nach dem individuellen Zustand der Betroffenen. Die berufliche (Wieder-)Eingliederung verortet sich vorrangig in den späten Phasen (D/E)

Die Internationale Klassifikation der Funktionsfähigkeit, Behinderung und Gesundheit (ICF) der Weltgesundheitsorganisation (WHO) liefert die gemeinsame Sprache zur systematischen Zieldefinition in der Teilhabeplanung, der Beschreibung von Ressourcen und Einschränkungen sowie deren Rahmenbedingungen (siehe Abb. 1.1). Die ICF stellt nicht die Diagnose, sondern die Auswirkungen von Gesundheitsproblemen im sozialen Kontext in den Mittelpunkt (Finauer et al. 2019). Sie betrachtet Körperfunktionen und -strukturen, Aktivitäten und Partizipation im Zusammenspiel mit personenbezogenen und Umweltfaktoren. Veranschaulicht werden die Zusammenhänge im bio-psycho-sozialen Modell.

Für die berufliche Teilhabe sind die Aktivitäts- und Teilhabekodierungen zu Arbeit und Beschäftigung sowie wirtschaftlichem Leben maßgeblich (rehadat[5]).

1.2 Neuropsychologisches Arbeiten im Teilhabeprozess

Neuropsychologische Unterstützung kann in verschiedenen Settings stattfinden: stationär, teilstationär, ambulant, durch niedergelassene Neuropsycholog:innen, praxisnah im Arbeitsalltag („on the job") oder kombiniert. Das Arbeitsfeld ist dabei vielfältig und komplex – es reicht von der Erfassung des Funktionsniveaus (Anamnese, Exploration, Testdiagnostik, Verhaltensbeobachtung) über Interventionen wie Psychoedukation, Strategie- und Kompensationstraining, Fatigue- und Belastungsmanagement bis zur moderierenden Rolle zwischen Betroffenen, Behandler:innen, Arbeitgeber:innen, Angehörigen und Kostenträgern. Zentral ist die Übertragung in reale Kontexte: Interventionen sind erst dann wirksam, wenn sie im privaten und beruflichen Alltag praktikabel sind. Dazu gehören Aufgabenanpassungen, Strukturierungshilfen, Pausenmanagement, technische/organisatorische Hilfsmittel, klare Kommunikationswege und verlässliche Feedbackschleifen.

Neben neuropsychologischem Fachwissen sind Kenntnisse im Sozial- und Arbeitsrecht, Informationen zu Rehabilitations-, Teilhabe- und Beratungsangeboten sowie zur aktuellen Arbeitsmarktlage erforderlich. Diese Vielschichtigkeit macht die Arbeit herausfordernd und individuell – ein „Standardrezept" für die neuropsychologische Begleitung bei der beruflichen Reintegration gibt es nicht.

Zugangswege zur neuropsychologischen Unterstützung führen über Kranken-, Renten- oder Unfallversicherung, Integrationsämter und weitere Reha-Träger. An den Schnittstellen gibt es jedoch Zuständigkeits- und Versorgungslücken. In ländlichen Regionen ist zudem das Angebot nicht so ausgeprägt wie in Ballungsräumen. Das schafft Ungleichheit in Chancen und Outcomes. Umso wichtiger ist die Netzwerkarbeit: frühzeitige Information, Lotsenfunktion, Koordination der Maßnahmen und konsistente Dokumentation.

---

[5] https://www.rehadat-icf.de, zugegriffen am 21.01.2026.

Berufliche und soziale Teilhabe im Spannungsfeld individueller und institutioneller Zielsetzungen

2

Zu Beginn des Rehabilitationsprozesses steht häufig der Wunsch der Betroffenen, „ins alte Leben" zurückzukehren. Dies impliziert die Wiedererlangung der Arbeitsfähigkeit, die Sicherung eines finanziellen Auskommens und die Wiederaufnahme von Freizeitaktivitäten. Erst im Verlauf der Rehabilitation zeigt sich, welche Tätigkeiten, zeitlichen Umfänge und Rahmenbedingungen realistisch und nachhaltig umsetzbar sind.

Fallbeispiel: Herr K., 58 Jahre, seit 20 Jahren Laborleiter in einem Chemiekonzern, erleidet einen Schlaganfall. In der Folge kommt es zu linksseitigen armbetonten motorischen Ausfällen, einer kognitiven Minderbelastbarkeit und Aufmerksamkeitsstörungen. Zunächst sind Herr K. und auch sein Team überzeugt, er könne wenige Wochen nach der Erkrankung seine bisherige Tätigkeit wieder ausüben. Die Prognose aus der stationären Rehabilitation ist positiv. Der ambulante Neuropsychologe erstellt mit Herrn K. und seinem Arbeitgeber einen Stufenplan, welcher eine Staffelung über 3 Monate von 2 h Arbeitszeit pro Tag auf tägliche 8 h vorsieht. Seine Tätigkeit umfasst die Führung des Laborteams, regelmäßige Meetings sowie das Management der Laborausstattung. Schnell wird deutlich, dass Herr K. sich bereits nach 3 h Tätigkeit pro Tag erschöpft fühlt, es treten Kopfschmerzen und Schwindel auf. Zudem belasten ihn die Maschinengeräusche im Labor und er kann sich kaum konzentrieren. Es häufen sich Fehler beim Ablesen von Daten und bei der Erstellung von Übersichten für Präsentationen. Die Aufgaben müssen schließlich angepasst werden: weniger Arbeit direkt im Labor, mehr Tätigkeiten am PC. Zum Einsatz kommen Kompensationsmittel wie das Tragen eines Gehörschutzes und die Einführung eines Pausenmanagements. Trotz der Anpassungen kann eine Erhöhung der Arbeitszeit über 4 h pro Tag nicht umgesetzt werden, da diese Herrn K. dauerhaft überlasten würde. Die Laborleitung ist mit dem reduzierten Stundenumfang nicht mehr möglich. Die ursprüngliche Zielsetzung muss neu definiert werden und erfordert sowohl von Herrn K. als auch von seinem beruflichen und sozialen Umfeld Akzeptanz. In den Arbeitsvertrag werden die neuen Aufgaben ohne Leitungsfunktion sowie der geringere Stundenumfang aufgenommen. Zusätzlich stellt Herr K. einen Rentenantrag, um die teilweise Erwerbsminderung finanziell auszugleichen. Auch im Freizeitbereich wirken sich die Beeinträchtigungen aus und Herr K. kann nach der Arbeit keine hohe Konzentrationsleistung für sein früheres Hobby Skat aufbringen. Ein Freund begeistert ihn jedoch für den Boule-Verein. Hierfür sind seine motorischen und kognitiven Ressourcen ausreichend.

Herr K. musste sich mit Themen wie Teilzeitarbeit, Rente, Belastbarkeitsminderung und Anpassung der sozialen Teilhabe auseinandersetzen, seine Ziele neu definieren und diese akzeptieren. Das Beispiel verdeutlicht: Teilhabe ist kein Alles-oder-nichts-Konzept, sondern ein individuell ausbalancierter Prozess zwischen gesundheitlicher Stabilität und sozialer sowie beruflicher Aktivität.

2.1   Berufliche Teilhabe unter Berücksichtigung der verschiedenen Ziele und Erwartungshaltungen

Im Rahmen der beruflichen Teilhabe bringen die verschiedenen Akteure ihre eigenen Perspektiven, Wünsche, Vorstellungen und Ziele mit ein. Eine Analyse sowie ein Verständnis für die jeweiligen Haltungen hilft bei der Koordination der gemeinsamen Zielsetzungen und Erarbeitung von Handlungsschritten (siehe Tab. 2.1).

Auf Seiten der Arbeitgeber:innen sind abhängig von der Größe des Unternehmens bzw. der Anzahl der Mitarbeiter:innen unterschiedliche Personen und Bereiche beteiligt: Personalabteilung, Abteilungsleitung, direkte Vorgesetzte, Kolleg:innen, Betriebs-/Personalrat, Schwerbehindertenvertretung, Gleichstellungsbeauftragte, Betriebsärzt:in. Zusätzlich sind gegebenenfalls außerhalb des Arbeitssettings Rehabilitationsdienste, Integrationsfachdienste oder Rechtsanwälte involviert. Alle Akteure agieren beispielsweise im Rahmen eines BEM-Verfahrens.

Tab. 2.1 Mögliche Ziele der Beteiligten

Beteiligte Personengruppe	Hauptziele/Erwartungen	Typische Herausforderungen	Neuropsychologische Aufgabe
Betroffene	Erreichen von Selbstständigkeit, Normalität, beruflicher Tätigkeit, finanzieller Absicherung	Überschätzung/Unterschätzung von Belastbarkeit und kognitiver Leistungsfähigkeit, reduzierte Krankheitseinsicht	Kognitives Training, Erarbeitung von Kompensationsstrategien, Psychoedukation, Förderung der Selbstwahrnehmung und Belastungssteuerung, Unterstützung bei der Krankheitsverarbeitung
Arbeitgeber:innen	Verlässliche Arbeitsleistung, Planbarkeit, geringe Fehlzeiten	Fehlendes Wissen über neuropsychologische Beeinträchtigungen, unrealistische Erwartungen	Beratung, Kommunikation über Leistungsgrenzen, Anpassungsempfehlungen für Arbeitsbedingungen
Angehörige	Stabilisierung, Entlastung, Sicherheit	Überforderung, emotionale Belastung, „Überfürsorglichkeit"	Einbeziehung, Psychoedukation, Coaching für unterstützendes Verhalten und Selbstfürsorge
Kostenträger	Sicherung von Leistungsfähigkeit, Wirtschaftlichkeit	Unterschiedliche Zuständigkeitsregelungen, Bürokratie	Kommunikation des Befunds und Verlaufs, transparente Darstellung von Teilhabezielen
Therapeut:innen/ Reha-Team	Funktionsverbesserung, Selbstwirksamkeit, nachhaltige Teilhabe	Zielkonflikte zwischen Beteiligten, Zeitdruck, Zuständigkeitsgrenzen	Moderation, interdisziplinäre Abstimmung, realistische Zielsetzung

> **Betriebliches Eingliederungsmanagement BEM**
>
> Das Betriebliche Eingliederungsmanagement (BEM) ist ein gesetzlich vorgeschriebenes Verfahren, das Arbeitgeber:innen in Deutschland seit 2004 durchführen müssen, wenn Beschäftigte innerhalb eines Jahres länger als sechs Wochen ununterbrochen oder wiederholt arbeitsunfähig waren. Ziel des BEM ist es, die Arbeitsunfähigkeit frühzeitig zu überwinden, erneuter Arbeitsunfähigkeit vorzubeugen und die Arbeitsplätze der betroffenen Mitarbeiter:innen zu erhalten (§ 167 II SGB IX). Dabei werden gemeinsam mit den Arbeitnehmer:innen und ggf. weiteren Beteiligten individuelle Lösungen erarbeitet, um die Rückkehr an den Arbeitsplatz zu erleichtern und die Beschäftigungsfähigkeit langfristig zu sichern. Das Verfahren erfordert grundsätzlich das Einverständnis der Arbeitnehmer:innen (Deutsche Rentenversicherung[1]).

Im Falle eines Ausbildungsverhältnisses werden Vertreter der Berufsschule, Ausbilder am Arbeitsplatz, Fachbereichsleiter bei Hochschulen etc. in den Prozess eingebunden.

Sollte kein Arbeitsverhältnis mehr bestehen und neue berufliche Perspektiven angestrebt werden, ist im Bewerbungs- und Akquiseprozess von Arbeitserprobungen oder potenziellen Arbeitsstellen meist ein ähnlicher Personenkreis vertreten.

Um eine produktive Zusammenarbeit aller Beteiligten zu realisieren, sind eine gute Kommunikation, das Treffen von gemeinsamen Absprachen und ein lösungsorientiertes Handeln gefragt.

Fallbeispiel: Herr D., ein 56-jähriger Qualitätsmanager, war nach einer Enzephalitis der festen Überzeugung, dass er ohne größere Schwierigkeiten trotz kognitiver und psychischer Beeinträchtigungen wieder in seinen bisherigen Berufsalltag zurückkehren kann. Aufgrund einer verlangsamten visuellen Explorationsleistung bearbeitete er Schriftstücke am PC jedoch mit erhöhtem Zeitaufwand und ermüdete zudem schnell bei der Bildschirmarbeit, sodass seine Arbeitsqualität nach einer halben Stunde deutlich nachließ. Die Arbeitgeberin sah sich mit diesen Einschränkungen und den Zielen des Mitarbeiters in den BEM-Gesprächen konfrontiert und äußerte ihrerseits Zweifel, wie diese verantwortungsvolle Position unter

---

[1] https://www.deutsche-rentenversicherung.de/DRV/DE/Experten/Arbeitgeber-und-Steuerberater/BEM/bem_index.html, zugegriffen am 21.01.2026.

den gegebenen Voraussetzungen ausgefüllt werden soll. Während die Zielsetzung von Herrn D. die vollständige Wiederaufnahme seiner bisherigen Aufgabenbereiche war, verfolgte die Arbeitgeberin das Ziel, die Arbeitsabläufe im Unternehmen weiterhin bestmöglich abzusichern. Gemeinsam mit allen BEM-Beteiligten wurden daher Anpassungen der Tätigkeiten und Arbeitszeiten thematisiert.

Arbeitgeber:innen können die Hirnschädigung und deren Folgen zum Anlass nehmen, um eine Trennung von den Arbeitnehmer:innen in die Wege zu leiten. Eine Null-Fehler-Toleranz von Arbeitgeber:innen ist selbst bei fachlicher Beratung durch Neuropsycholog:innen und finanzieller Unterstützung von Kostenträgern nicht immer veränderbar.

In einigen Fällen werden Ziele auch aufgrund eines sekundären Krankheitsgewinns seitens der Betroffenen verzögert oder letztlich nicht erreicht. Dies ist beispielsweise dann der Fall, wenn ein Bedürfnis nach verstärkter Zuwendung, dem Entfall von Pflichten eines Arbeitsverhältnisses oder auch der Wunsch nach einer vorzeitigen Berentung besteht.

Die Haltung der Angehörigen sowie allgemeine Unterstützungsangebote aus dem sozialen Umfeld haben ebenso Einfluss auf die gemeinsam definierten Ziele und den Verlauf einer beruflichen Rehabilitation. In einer Studie von Prigatano et al. (1994) wurde zudem aufgezeigt, dass die Qualität der therapeutischen Beziehung zu den Betroffenen, aber auch zu den Angehörigen auf den Erfolg einer beruflichen (Wieder-)Eingliederung einwirkt.

Im Fall von Herrn D. wollte seine Ehefrau ebenfalls die Wiedereingliederung ihres Mannes in die alte Tätigkeit erreichen. Dies hatte unter anderem den Hintergrund, dass Herr D. der Alleinverdiener der Familie war und seine Frau hinsichtlich finanzieller und gesellschaftlicher Rückschritte besorgt war. So war sie immer sehr stolz darauf, dass ihr Ehemann eine hohe Position im Arbeitsleben innehatte und wusste die Wirkung dieser auf ihren Status und das Ansehen in der Gesellschaft sehr zu schätzen. Sie war wenig bereit, darauf zu verzichten und wirkte entsprechend auf ihren Mann ein, seine Position wieder einzunehmen. Erst durch intensive Psychoedukation durch die Neuropsychologin gelang es der Ehefrau ihre Perspektive zu verändern und neue Lebensmodelle zuzulassen.

Grundsätzlich sollten die miteinander vereinbarten Ziele nicht nur anfangs definiert und gemeinsam bearbeitet, sondern im gesamten Verlauf immer wieder reflektiert und bei Bedarf angepasst werden.

2.2   Outcome beruflicher Teilhabeziele

Bei der Verfolgung beruflicher Teilhabeziele kann das Outcome stark variieren. Das Spektrum reicht von ganzheitlicher (Wieder-)Eingliederung bis zur Rente wegen voller Erwerbsminderung. Folgende Outcome-Szenarien sind denkbar:

- Wiederaufnahme der alten Tätigkeit bei bisherigen Arbeitgeber:innen (mit gleichem oder angepasstem Inhalt und Umfang)
- Neue Tätigkeit bei bisherigen Arbeitgeber:innen (innerbetriebliche Umsetzung)
- Alte Tätigkeit bei neuen Arbeitgeber:innen
- Neue Tätigkeit bei neuen Arbeitgeber:innen
- Berufsfindung, Erstausbildung, Umschulung, Studium, Qualifizierung
- Geringfügige Beschäftigung
- Tätigkeit in Werkstatt für Menschen mit Behinderungen (WfbM)/
- Werkstatt für Menschen mit erworbener Hirnschädigung (WfMeH)
- Ehrenamtliche Tätigkeit
- Tagesstrukturierende Nachsorge
- Rente wegen teilweiser Erwerbsminderung
- Rente wegen voller Erwerbsminderung

Nach Möglichkeit wird zunächst die Wiedereingliederung in die alte Tätigkeit mit ursprünglichem Umfang angestrebt. Ist eine Tätigkeit bei dem/der bisherigen Arbeitgeber:in nicht mehr möglich, bieten sich Teilhabeleistungen an, bei welchen neue berufliche Optionen im Rahmen von Arbeitserprobungen begleitet werden. Ideal sind hier Erprobungen, die im Anschluss in eine Festanstellung bei neuen Arbeitgeber:innen münden. Hierfür kommen auch Inklusionsbetriebe oder Inklusionsabteilungen von Unternehmen in Betracht, da diese bereits Erfahrung mit neurologisch und psychisch Erkrankten mitbringen. Die Arbeitsbedingungen sollten dabei so angepasst werden, dass möglichst wenig Druck auf die Betroffenen ausgeübt wird.

Anhand der Ergebnisse dieser Arbeitserprobungen wird dann entschieden, ob eine Umschulung angestrebt wird oder bei den Betroffenen Weiterbildungs- bzw. Qualifizierungsbedarf besteht. Typische Beispiele sind der Kurs zum Erwerb des Flurfördermittelscheins (Staplerschein) bei Lagertätigkeiten oder die Hygieneschulung bei Tätigkeiten in der Gastronomie.

Möglichkeiten für Erstausbildungen oder Umschulungen finden sich auch in Berufsbildungs- bzw. Berufsförderungswerken (BBW bzw. BFW). Diese Angebote sind jedoch bisher nicht spezifisch für Menschen mit erworbener Hirnschädigung konzipiert.

Ist eine berufliche Teilhabe nur noch in einem geschützten Rahmen möglich, gibt es inzwischen nicht nur Werkstätten für Menschen mit körperlichen, psychischen oder geistigen Behinderungen (WfbM), sondern auch spezialisierte Werkstätten für Menschen mit erworbener Hirnschädigung (WfMeH).

Reichen die Fähigkeiten oder die Belastbarkeit für eine berufliche Teilhabe nicht aus bzw. ist die Belastung durch die Arbeit so hoch, dass eine Alltagsführung daneben nicht mehr möglich ist (Haushaltsführung, Einkäufe, Arztbesuche, Treffen mit Familie und Freund:innen, Hobbys), ist die Beantragung einer Erwerbsminderungsrente zu prüfen. Hierbei wird die Rente wegen voller Erwerbsminderung (Leistungsfähigkeit unter 3 h täglich) von der Rente wegen teilweiser Erwerbsminderung (Leistungsfähigkeit von mindestens 3, aber weniger als 6 h) unterschieden. Beide lassen einen Hinzuverdienst zu, dessen Grenzen unterschiedlich sind (Deutsche Rentenversicherung[2]).

So bleibt bei einer Rente wegen voller Erwerbsminderung beispielsweise die Möglichkeit einer geringfügig entlohnten Beschäftigung, auch unter Minijob bekannt (Agentur für Arbeit[3]). Auch eine ehrenamtliche Tätigkeit ist neben der Rente möglich.

Die Bewertung von Erfolg orientiert sich daher nicht allein an Erwerbstätigkeit, sondern an Stabilität, Lebensqualität und Selbstwirksamkeit. Eine (Wieder-)Eingliederung gilt nicht als gescheitert, wenn Vollzeitarbeit nicht erreicht wird – entscheidend ist, ob ein stabiles, erfülltes Lebens- und Aktivitätsniveau erreicht wird.

2.3   Wiedereingliederung und Belastungsmanagement

Ein zentrales Element der beruflichen Teilhabe ist die Balance zwischen Aktivierung und Überforderung. Gerade nach erworbener Hirnschädigung zeigt sich häufig eine psychophysische Minderbelastbarkeit. Leistungseinbrüche, Reizüberflutung oder kognitive Ermüdung sind typische Phänomene, die sorgfältig beobachtet und berücksichtigt werden müssen. Ziel ist es, eine nachhaltige Belastungs-

---

[2] https://www.deutsche-rentenversicherung.de/DRV/DE/Rente/In-der-Rente/Hinzuverdienst-und-Einkommensanrechnung/hinzuverdienst-und-einkommensanrechnung.html, zugegriffen am 21.01.2026.

[3] https://www.arbeitsagentur.de/lexikon/minijob, zugegriffen am 21.01.2026.

steigerung zu erreichen, ohne gesundheitliche Rückschritte zu riskieren. Notwendig hierfür ist eine Anpassung hinsichtlich Stundenumfang und Aufgabenbereichen.

Für die Wiedereingliederung in ein sozialversicherungspflichtiges Arbeitsverhältnis bedient man sich einer Stufung von Arbeitszeiten und Arbeitstagen. Der gesetzliche Rahmen gibt hier Variationen von 15 bis zu 40 h an 2–6 Tagen pro Woche vor. Sollten Schichtdienste noch leistbar sein, kann die wöchentliche Arbeitszeit und die Anzahl der Arbeitstage daran orientiert angepasst werden.

Von Seiten einiger Kostenträger (Bsp. Deutsche Rentenversicherung, Gesetzliche Krankenversicherung) sind für berufliche (Wieder-)Eingliederungsmaßnahmen klare zeitliche Mindestvoraussetzungen für die Belastbarkeit vorgegeben. So ist ein Beginn mit einer Belastbarkeit unter zwei Stunden pro Tag in der Regel ausgeschlossen. Auch die stufenweise Wiedereingliederung, die aus Arztpraxen heraus koordiniert wird, beginnt häufig mit mindestens zwei Stunden Arbeitszeit täglich.

Die Erfahrung zeigt jedoch, dass dieser „Grenzwert" nicht unbedingt ein Ausschlusskriterium sein muss. Gerade mit der zunehmenden Zahl von Menschen mit Chronischem Fatigue Syndrom (ME/CFS) und Belastungsintoleranz PEM (Post Exertional Malaise) nach der Corona-Pandemie ist hier ein Umdenken erforderlich. Wiedereingliederungsprozesse sollten demnach auch mit weniger als zwei Stunden eingeleitet werden können.

Psychophysische Minderbelastbarkeit
Eine bestehende psychophysische Minderbelastbarkeit ist ein häufiges Problem nach erworbener Hirnschädigung, welches meist nicht sichtbar und damit schwer begreifbar für alle Beteiligten ist. Im Alltag sind die Betroffenen schnell erschöpft, meist verlangsamt und es kommt zu multiplen kognitiven Beeinträchtigungen. Auch zuvor gut angewendete Kompensationsstrategien werden in Überforderungs- und Erschöpfungssituationen nicht mehr adäquat eingesetzt. Es entwickeln sich somatische Beschwerden wie anhaltende Kopfschmerzen, Sehstörungen oder Schwindel, bis hin zu Übelkeit und Erbrechen (Reuther et al. 2012).

> Betroffenen wird nach aktuellen Leitlinien (beispielsweise S1 Leitlinie Long-/Post Covid der AWMF 2025[4]) empfohlen, über ein individuelles Energie- und Aktivitätsmanagement eine Symptomverschlechterung durch Überbelastung zu vermeiden (Pacing). Dies bedeutet konsequent unterhalb der eigentlichen Belastungsgrenzen zu bleiben aber auch eine regelmäßige leichte Aktivierung zu beachten. Dieser Ansatz ist den Beteiligten sowohl im Alltag als auch bei der beruflichen (Wieder-)Eingliederung oft schwer zu vermitteln. Das Umfeld, aber auch die Betroffenen selbst erwarten eine kontinuierliche Steigerung und die Rückkehr zu einer stabilen Arbeitsleistung ohne zusätzlichen Pausenbedarf. Hier unterstützt systematische therapeutische Begleitung und Psychoedukation, da nicht nur die Betroffenen, sondern auch die Arbeitgeber:innen mit der Bewältigung der Erschöpfungsfolgen überfordert sind (Reuther et al. 2012).

Um sich langsam der aktuellen Belastungsgrenze zu nähern, kann es aus ärztlicher und therapeutischer Sicht sinnvoll sein, bereits mit einem geringeren Stundenumfang in einen Wiedereingliederungsprozess zu starten. Auch empfiehlt sich, eine berufliche Tätigkeit an zunächst wenigen Tagen umzusetzen, z. B. nur 3 Tage pro Woche (Mo, Mi, Fr), um jeweils einen Tag zur Erholung, zur Wahrnehmung von Arzt- und Therapieterminen und zur Erledigung von privaten Alltagsaufgaben einzuplanen.

Zeigt sich trotz des angepassten und gestuften Vorgehens, dass Betroffene ihre beruflichen Aufgaben nur unter großen Mühen bewältigen, nach der Arbeit längeren Schlaf für die Erholung benötigen und sich aus sozialen Aktivitäten zurückziehen, droht eine psychische Dekompensation. Die kleinste Veränderung im beruflichen oder privaten Alltag kann das mühsam ausbalancierte System zum Einstürzen bringen. Es gilt hier gemeinsam abzuwägen, ob eine ausreichende Leistungsreserve bei den Betroffenen vorhanden ist, um auch kurzfristige, höhere Belastungen und Stressspitzen zu kompensieren.

Auch wenn es Tage gibt, an denen die Betroffenen belastbarer sind, kann eine Beantragung der Erwerbsminderungsrente durchaus die richtige Entscheidung sein, denn nicht viele Arbeitsplätze bieten eine freie oder individuell angepasste Zeit- und Pauseneinteilung an.

---

[4] https://register.awmf.org/assets/guidelines/020-027p1_S1_Post_COVID_Long_COVID_2025-08-verlaengert.pdf, zugegriffen am 21.01.2026.

Der Rentenbescheid kann dann zunächst eine Entlastung darstellen; der Druck, sich und dem Umfeld etwas beweisen zu müssen, fällt ab. Viele Betroffene erleben jedoch das Fehlen einer festen Tagesstruktur, einer Sinnhaftigkeit und/oder den Verlust der sozialen Kontakte am Arbeitsplatz langfristig als Belastung. Dann ist die Unterstützung bei der Suche nach sinnstiftenden Aktivitäten und sozialen Integrationsmöglichkeiten durch Neuropsycholog:innen oder entsprechende Beratungsstellen angezeigt.

2.4   Bedeutung der sozialen Teilhabe

> „Soziale Teilhabe meint teilhaben am Leben in der Gemeinschaft. Das umfasst u. a. das politische Leben, kulturelle Aktivitäten sowie bezahlte und unbezahlte Arbeit" (Caritas[5]).

Im Rahmen einer beruflichen Tätigkeit ergeben sich vielfältige soziale Kontakte mit Kolleg:innen, Vorgesetzten und Kund:innen. Man trifft sich in der Teeküche oder geht mittags gemeinsam in die Kantine. Auf dem Weg zur Arbeit kommt man mit anderen Menschen in Fahrgemeinschaften oder in der Bahn in Kontakt und unterhält sich über Themen, die einen beschäftigen.

Berücksichtigen wir in der neuropsychologischen Arbeit die oben genannte Definition, gehört zur sozialen Teilhabe nicht nur der Beruf. Auch andere Aspekte bedingen ein erfülltes und ausgeglichenes Leben. So ist die Einbindung in den Freundes- und Bekanntenkreis eine wichtige Ressource im Bereich der Umweltfaktoren in der ICF. Hobbys und Aktivitäten, die vor der Hirnschädigung ausgeübt wurden, sind vielleicht aufgrund körperlicher oder kognitiver Einschränkungen nicht mehr möglich. Anfangs nehmen Freunde und Bekannte oft noch Rücksicht, aber im Verlauf erleben Betroffene nicht selten eine zunehmende Isolation. Das Leben der anderen geht weiter, sie selbst müssen sich und ihre Fähigkeiten erst neu kennen- und akzeptieren lernen. Viele Sport- und Freizeitaktivitäten hängen von einer hohen körperlichen Funktionsfähigkeit ab. Auch kognitive Defizite schränken die Betroffenen in ihrer sozialen Teilhabe ein. So kann der Schachspieler erheblich unter seiner Arbeitsgedächtnisstörung leiden, weil er die Züge nicht mehr ausreichend vorausplanen kann. Den politischen Gesprächen im Freundeskreis fühlt man sich nicht mehr gewachsen, wenn die aktuellen Geschehnisse über Zeitungen und Fern-

---

[5] https://www.cbp.caritas.de/themen/soziale-teilhabe/, zugegriffen am 21.01.2026.

sehen nicht richtig verfolgt werden können. Der Hundespaziergang wird aufgrund einer Fatigue jetzt von einem Nachbarskind übernommen, so bleiben die Treffen mit den anderen Hundebesitzern und der regelmäßige Austausch mit ihnen aus.

Diese Szenarien zeigen, wie fragil unsere soziale Teilhabe ist. Neuropsycholog:innen intervenieren durch Förderung sozialer Kompetenzen und Kommunikationsstrategien sowie Unterstützung bei der Aktivitätsplanung und Freizeitgestaltung. Zudem beziehen sie das Umfeld mit ein, um Verluste zu thematisieren und für die erlebte Vereinsamung zu sensibilisieren. Inklusion ist aber möglich, denn in vielen Lebensbereichen finden sich Alternativen: es entstehen erfreulicherweise immer mehr Freizeitangebote, die speziell für Menschen mit erworbener Hirnschädigung konzipiert sind (beispielsweise barrierefreies Reisen mit kognitiven und körperlichen Einschränkungen oder Vereinssport wie Ping Pong Parkinson). Mittels Freizeitassistenz oder Soziotherapie ergeben sich Optionen zur unterstützten sozialen Teilhabe, wie die begleitete Fahrt zu einem Stadionbesuch oder ein gemeinsamer Spaziergang. Auch können über Selbsthilfegruppen neue Personenkreise erschlossen werden, mit denen ein Austausch über die Beeinträchtigungen und Ressourcen möglich ist.

Neben der sozialen Einbindung bedeutet soziale Teilhabe auch Tagesstruktur, die sich durch regelmäßige berufliche und private Aktivitäten ergibt. Je länger eine Hirnschädigung zurück liegt, desto weniger wird der Terminkalender von Therapie- und Arztterminen dominiert. Gerade dann werden regelmäßige Aufgaben und Routinen essenziell, um sich für den Tag zu motivieren. Sie stärken zudem die Selbstwirksamkeit und sind eine wichtige Säule bei der Behandlung von Antriebsstörungen.

Neuropsychologische Unterstützung auf dem Weg zur beruflichen Teilhabe   3

In der Umsetzung des RTW sollte frühzeitig über die Einbindung neuropsychologischer Begleitung und weiterführender Maßnahmen entschieden werden. Idealerweise geschieht dies bereits an der Schnittstelle zwischen stationärer und ambulanter Rehabilitation. Zugangswege, Ziele und Ablauf werden dabei gemeinsam mit allen Beteiligten abgestimmt.

3.1   Zugangswege und Kostenträger

So unterschiedlich wie die Art und Folgen einer Hirnschädigung sind auch die Zugangswege zu einer neuropsychologischen Begleitung.

In jedem Einzelfall müssen zunächst die Voraussetzungen für die Zuständigkeit eines Kostenträgers geprüft werden. Dabei spielen Diagnose, Grad der Behinderung, Zeitpunkt und Kontext der Schädigung sowie Versicherungsstatus und -bedingungen eine zentrale Rolle.

Häufige Kostenträger einer neuropsychologischen Begleitung:

- Deutsche gesetzliche Unfallversicherung (DGUV)
- Gesetzliche und private Krankenversicherungen (GKV, PKV), Beihilfe
- Deutsche Rentenversicherung (DRV Bund oder Regional)
- Private Unfall- und Haftpflichtversicherungen
- Bundesagentur für Arbeit
- Träger der Eingliederungshilfe, Integrations- und Inklusionsämter, Fachstellen für Menschen mit Behinderungen im Arbeitsleben

C. Franzheim, M. Mosch, *Ambulante Neuropsychologie im Bereich der beruflichen Teilhabe*, essentials, https://doi.org/10.1007/978-3-662-73359-2_3

In seltenen Fällen gibt es weitere Kostenträger wie Versorgungswerke, Städte/ Kommunen oder Arbeitgeber:innen. Nicht alle Fälle sind jedoch klar einem Kostenträger zuzuordnen. Wo kein Kostenträger leistet, bleibt Betroffenen nur eine Selbstzahler-Option, die für viele nicht realisierbar ist.

Die rechtlichen Grundlagen und Zuständigkeiten ergeben sich aus verschiedenen Teilen der Sozialgesetzgebung:

SGB I (Allgemeiner Teil), SGB III (Arbeitsförderung, Bundesagentur für Arbeit), SGB V (Gesetzliche Krankenversicherung), SGB VI (Gesetzliche Rentenversicherung), SGB VII (Gesetzliche Unfallversicherung), SGB VIII (Jugendhilfe), SGB IX (Rehabilitation und Teilhabe), SGB XII (Sozialhilfe) und SGB XIV (Soziale Entschädigung).

Nach Klärung der Kostenträgerzuständigkeit können neuropsychologische Behandler:innen beauftragt werden. Die Finanzierung ist abhängig von Regelungen der jeweiligen Kostenträger (EBM, GOÄ, UV-GOÄ) oder erfolgt über freie Angebote bzw. das persönliche Budget. Die Betroffenen erhalten währenddessen Übergangsgeld, Krankengeld, Verletztengeld, Sozialhilfe oder stehen noch im Gehaltsbezug.

Wie im weiteren Verlauf beschrieben, sind Neuropsycholog:innen in unterschiedlichen Settings und Rehabilitationsphasen tätig. Nicht in jedem dieser Bereiche gibt es jedoch neuropsychogische Angebote bezüglich der beruflichen (Wieder-)Eingliederung.

Auf dem Weg zur neuropsychologischen Unterstützung können zudem weitere Hürden auftreten:

- (Regionale) Unterversorgung oder geringe Verfügbarkeit (Kapazität) von Neuropsycholog:innen
- Anforderungen der Kostenträger an die Qualifikation der Neuropsycholog:innen (z. B. Approbation, Kammerzertifizierung) und die zeitliche Gestaltung der Behandlung (z. B. Beginn, Frequenz)
- Abrechnungsmöglichkeiten (z. B. Verträge, Zulassungen) von Neuropsycholog:innen mit Kostenträgern

Abhängig vom jeweiligen Kostenträger ist für die neuropsychologische Begleitung im Rahmen der beruflichen (Wieder-)Eingliederung eine schriftliche Beantragung erforderlich.

Diese kann durch Neuropsycholog:innen direkt (z. B. Maßnahmeplan, Angebot, Wiedereingliederungsvorschlag), durch Ärzt:innen (Wiedereingliederungsplan nach SGB V) oder durch die Betroffenen erfolgen (z. B. Antrag auf Leistungen zur Teilhabe am Arbeitsleben[1] – LTA, § 33, § 49 SGB IX[2]).

Der Zeitpunkt, zu dem eine neuropsychologische Unterstützung eingeleitet wird, ist entscheidend für den Verlauf des RTW. Optimal ist es, wenn die Schnittstellen zwischen den beteiligten Akteur:innen gut funktionieren und die ambulante neuropsychologische Begleitung nahtlos an eine stationäre oder ambulante medizinische Rehabilitation anschließt.

Es kommt auch vor, dass die Zuweisung erst nach einem oder mehreren gescheiterten Wiedereingliederungsversuchen erfolgt. Dann steht zu Beginn der Therapie die Aufarbeitung des erlebten Misserfolgs im Vordergrund. Gemeinsam werden die Faktoren analysiert, die zum Scheitern geführt haben und die Ziele, Erwartungen sowie Vorstellungen aller Beteiligten werden neu abgestimmt.

Die Dauer der neuropsychologischen Begleitung variiert von wenigen Wochen bis hin zu mehreren Jahren und hängt von verschiedenen Aspekten ab, wie beispielsweise Setting, Auftrag, Kostenträger oder Verlauf.

Auch nach Abschluss der neuropsychologischen Begleitung kann eine erneute Unterstützung erforderlich werden, wenn sich berufliche, soziale oder gesundheitliche Veränderungen ergeben. Aufgrund der Hirnschädigung ist die Anpassungsfähigkeit der Betroffenen nicht immer ausreichend gegeben; dies kann kognitive, motorische oder psychische Ursachen haben. Durch diese reduzierte Anpassungsfähigkeit können beispielsweise größere Einschnitte wie unternehmensinterne Umstrukturierungen, eine private Trennung oder ein Reinfarkt die erreichte Teilhabe gefährden. Doch auch vermeintlich kleine Veränderungen – etwa leicht abweichende Tätigkeiten, neue technische Systeme oder ein Personalwechsel bei Vorgesetzten oder Kolleg:innen – können den Erhalt des Arbeitsverhältnisses erheblich beeinflussen.

3.2   Neuropsychologische Aufgabenfelder

Klinische Neuropsycholog:innen begleiten Menschen mit erworbener Hirnschädigung auf vielfältige Weise während ihrer Rehabilitation. Dabei steht ein holistischer Ansatz im Mittelpunkt. Die Schwerpunkte sind, auf Grundlage diagnostischer Ergebnisse, therapeutische Interventionen wie Hilfen zur Kompensation

---

[1] https://www.deutsche-rentenversicherung.de/SharedDocs/Formulare/DE/Formularpakete/01_versicherte/reha/_DRV_Paket_Rehabilitation_Leistungen_zur_Teilhabe.htm, zugegriffen am 21.01.2026.

[2] https://www.gesetze-im-internet.de/sgb_9_2018/__49.htm, zugegriffen am 21.01.2026.

der Einschränkungen im Alltag zu vermitteln und einzutrainieren, den Umgang mit der veränderten Lebenssituation zu erlernen, die Funktionsfähigkeit und berufliche Leistungsfähigkeit nach Möglichkeit zu verbessern sowie die Betroffenen durch Netzwerkarbeiten bestmöglich zu unterstützen (Frommelt und Lösslein 2010).

3.2.1 Diagnostik

Eine umfangreiche neuropsychologische Diagnostik stellt einen wesentlichen Teil im Prozess des RTW dar. Sie dient der Erfassung kognitiver Funktionsbereiche, wie Aufmerksamkeit, Gedächtnis, Visuo-Perzeption und Visuo-Konstruktion oder exekutive Funktionen. Ergänzend werden Daten aus der Eigen- und Fremd-anamnese und der Verhaltensbeobachtung sowie psychische Belastungsfaktoren erhoben. Auf dieser Basis wird die individuelle Ausgangssituation der betroffenen Person umfassend beschrieben.

Die Durchführung, Auswertung und Interpretation der Diagnostik sollte aus-schließlich durch Psycholog:innen mit umfangreichen testdiagnostischen und neuropsychologischen Kenntnissen erfolgen, da hierfür eine spezialisierte fach-liche Expertise erforderlich ist. Die Ergebnisse ermöglichen eine differenzierte Einschätzung des qualitativen Leistungsniveaus (Art der beruflichen Tätigkeiten) und quantitativen Leistungsniveaus (zeitlicher Umfang der beruflichen Aktivi-täten). Darauf aufbauend werden Empfehlungen zur beruflichen (Wieder-)Einglie-derung sowie zu weiteren therapeutischen oder unterstützenden Maßnahmen, Hilfsmitteln und Interventionen abgeleitet.

Neuropsychologische Befunde tragen entscheidend dazu bei, Schwierigkeiten im beruflichen Kontext adäquat einzuordnen und Fehlinterpretationen zu vermei-den – beispielsweise Rückführung auf motivationale Gründe anstatt auf die vor-liegende Funktionsstörung. Sie leisten aber nicht zwingend eine Vorhersage zu er-wartender beruflicher Aktivitätseinschränkungen in der Arbeitsrealität (Fischer und Küst 2009).

Nicht selten zeigen sich Diskrepanzen zwischen den Leistungen während einer Diagnostik und der tatsächlichen Leistungsfähigkeit im Arbeitskontext. Dia-gnostische Verfahren erfassen kognitive Funktionen unter hochstrukturierten und kontrollierten Bedingungen, während der Arbeitsalltag durch komplexere und we-niger vorhersehbare Anforderungen gekennzeichnet ist. Zudem können im Arbeits-umfeld Kompensationsstrategien und Hilfsmittel eingesetzt werden – etwa Notizen oder die kollegiale Unterstützung –, die in Testsituationen nicht zulässig sind. Gleiches betrifft die Interpretation der Leistungen, welche während der Akutbehandlung oder frühen Rehabilitationsphasen beziehungsweise innerhalb von Rehabilitationseinrichtungen erfasst wurden. Die in diesem Rahmen wiedererlernten oder trainierten Fertigkeiten gewährleisten nicht zwangsläufig die Bewältigung der realen Arbeitsanforderungen. „Wenn die „sozialmedizinische Beurteilung"[3] im REHA-Entlassungsbericht Arbeitsfähigkeit (oder Arbeitsunfähigkeit) feststellt, so kann das in vielen Fällen nur eine begründete Vermutung sein – mit jedoch weitreichenden sozialrechtlichen Folgen. Nur ein entsprechendes „Erproben" am Arbeitsplatz kann zu einer gesicherten Einschätzung der Prognose über dauerhafte Arbeitsfähigkeit führen" (Fries et al. 2017, S. 250). In jedem einzelnen Fall sollte für dieses Erproben die Indikation für neuropsychologische Interventionen frühzeitig geklärt und diese bei Bedarf entsprechend beantragt bzw. eingeleitet werden.

3.2.2 Behandlung und Interventionen

Die Interventions- und Behandlungsplanung baut auf den diagnostischen Ergebnissen auf. Da die berufliche (Wieder-)Eingliederung in einer späten Rehabilitationsphase stattfindet, kommen neben restitutiven Verfahren wie computergestützten Trainingsprogrammen, die der Wiedererlangung von speziellen kognitiven Funktionen dienen, überwiegend kompensatorische Ansätze zum Einsatz. Zusammen mit den Betroffenen werden Strategien entwickelt, eingeübt und bei Bedarf angepasst. So werden beispielsweise bei Gedächtnisstörungen neben dem Erlernen von internalen Mnemotechniken wie Kategorisieren oder Verknüpfen von Informationen, auch externe Techniken wie das strukturierte Notieren von Informationen und das Nutzen von Erinnerungsfunktionen vermittelt. Dies bezieht sich sowohl auf das Erlernen und Erinnern neuer Informationen als auch auf das Abrufen von beruflichem Fachwissen und Fertigkeiten. Auch wenn die Betroffenen die Strategien bereits in vorherigen Rehabilitationsphasen kennengelernt oder sogar prämorbid angewandt haben, erweist sich oft erst im Rahmen des RTW, ob sie auch im jetzigen beruflichen Alltag praktikabel und ausreichend sind (siehe Tab. 3.1).

---

[3] https://www.deutsche-rentenversicherung.de/DRV/DE/Experten/Infos-fuer-Aerzte/Begutachtung/begutachtung.html, zugegriffen am 21.01.2026.

Tab. 3.1   Beispiele aus dem beruflichen Alltag und Interventionsansätze

Auswirkung der Funktionsbeeinträchtigung im beruflichen Alltag	Neuropsychologische Intervention
Allgemein	
Betroffene greifen gedanklich und auf Verhaltensebene auf alte Fähigkeiten zurück und berücksichtigen dabei nicht die Notwendigkeit des Einsatzes von Kompensationsstrategien (z. B. beim Erinnern von Gesprächsinhalten)	• Psychoedukation der Betroffenen und weiterer Beteiligter zu Störungsbereichen und Auswirkungen der erworbenen Hirnschädigung • Integration eines neuen Selbstbildes bei den Betroffenen
Aufmerksamkeit/Ablenkbarkeit	
Die Sachbearbeiterin bei der Krankenversicherung kann nicht mehr konzentriert im Großraumbüro arbeiten, wird durch Telefonate und Gespräche der Kolleg:innen abgelenkt. Auch stört sie die häufige Ansprache durch die Kollegin am Schreibtisch gegenüber. Der Arbeitsplatz ist mit Schriftstücken und Akten vollgestellt. Gedanken zu weiteren Aufgaben und Problemen lenken sie zudem intern von ihrer Tätigkeit ab.	• Einrichtung eines abgeschirmten Arbeitsbereichs • Clean desk • Kopfhörer • Arbeitsplatzstruktur (digital + analog) • Markierung der aktuellen Handlung/Aufgabe • Stopp-Technik • „Bitte nicht stören"-Schild • Festlegung von Gesprächs- und Plauderzeiten • Serielle anstelle paralleler Verarbeitung
Gedächtnis	
Dem Vertriebsmitarbeiter im Außendienst fällt es schwer, Termine einzuhalten sowie Namen, Absprachen und Aufträge zu erinnern. Nach Schulungen stellt es eine Herausforderung für ihn dar, die neuen Produkte und ihre Vorteile abzurufen, um sie beim Kunden zu bewerben.	• Terminplan, Kalender, Erinnerungsfunktion (z. B. über Outlook oder Apps) • Tages-/Wochenplan • Gedächtnistagebuch • Checklisten • Gesprächsprotokolle/Notizen • Feste Struktur für Notizen • Entlastung des Gedächtnisses durch wiederkehrende Handlungen und Routinen • Schriftliche statt mündliche Informationen und Aufträge • Beschriftungen (Wegweiser, Schubladen, Ordner) • Lerntechniken, Mnemotechniken

(Fortsetzung)

Tab. 3.1 (Fortsetzung)

Auswirkung der Funktionsbeeinträchtigung im beruflichen Alltag	Neuropsychologische Intervention
Exekutive Funktionen	
Die Erzieherin hat Schwierigkeiten, die Abläufe und Tagespunkte in ihrer Kindergartengruppe zu organisieren und zu strukturieren. Geplante Ausflüge sind oft nicht ausreichend vorbereitet. Beim Wechsel zwischen dem Spiel in der Gruppe und im Außengelände werden die Kinder erst nach dem Anziehen der Gummistiefel an den Toilettengang erinnert. Gefahrensituationen beim Basteln mit der Schere werden unterschätzt und es kommt zu Beschwerden durch die Eltern wegen zerschnittener Kleidung. Ihre Dokumentation überprüft sie nicht auf Vollständigkeit und Fehler.	• To-do-Apps mit Priorisierung und Terminierung • Schriftliche Handlungspläne • Piktogramme für Regeln und Handlungsschritte • Feste Checklisten und Formulare • Selbstkontrolltechniken • Erbitten und Toleranz von Außenkontrolle
Visuo-Perzeption und -Exploration	
Die Mitarbeiterin im Reisebüro muss für die Beratung und Angebotserstellung zwischen verschiedenen geöffneten Dateien auf ihrem Monitor hin und her wechseln, um Informationen herauszusuchen und zu vergleichen. Dabei übersieht sie relevante Details und es kommt zu Fehlbuchungen und Unverständnis seitens der Kunden.	• Zweiter Monitor zur vergrößerten Darstellung und besseren Organisation von Fenstern • Hilfstechniken wie Markierungen, Zeilenlineal, Farbfilter • Visuelle Kompensationstechniken, Sakkadentraining
Kulturtechniken	
Der Bäckereifachverkäufer kann die Zutatenliste der Brotsorten nicht richtig lesen und er verrechnet sich beim Wechselgeld. Er benötigt viel Unterstützung durch die Kolleg:innen.	• Taschenrechner • Schriftliches Rechnen statt Kopfrechnen • Neues Kassensystem • Vorlesefunktion über Handyapps • Umwandlung Text in Piktogramme

(Fortsetzung)

Tab. 3.1 (Fortsetzung)

Auswirkung der Funktionsbeeinträchtigung im beruflichen Alltag	Neuropsychologische Intervention
Krankheitsverarbeitung und –einsicht	
Der Friseur schneidet statt des vereinbarten Bobs einen Stufenschnitt und ist überzeugt, er habe alles richtig gemacht, jedoch hätte die Kundin plötzlich ihre Meinung geändert.	• Situationsanalyse • Abgleich von fremdanamnestischen Angaben und eigenem Erleben • Motivationssteigerung zum Einsatz von Kompensationsstrategien • Unterstützung bei der Verarbeitung negativer Rückmeldung • Emotionale Stabilisierung bei einsetzender Einsicht
Persönlichkeit und soziale Kompetenz	
Die Hausärztin beginnt neben den Mitarbeiter:innen auch ihre Patient:innen zu duzen und stellt unangemessene Fragen.	• Soziales Kompetenztraining • Aufbau alternativer Verhaltensweisen, Einübung im Rollenspiel • Situationsanalyse • Erarbeitung von sozialen Regeln • Verhaltensspiegelung
Psychische Befindlichkeit	
Der leidenschaftliche LKW- und Motorradfahrer kann weder seinem Beruf noch seinem Hobby mehr nachgehen, er reagiert mit sozialem Rückzug und grübelt viel über seinen Verlust.	• Emotionale Stabilisierung • Kognitive Umstrukturierung • Eruierung und Aufbau von alternativen beruflichen Tätigkeiten, Hobbys und angenehmen Aktivitäten • Feste Tagesstruktur • Entwicklung von kurz- und mittelfristigen Zielen
Psychophysische Belastbarkeit	
Die Pflegekraft, die immer das Wohl der anderen über ihr eigenes gestellt hat, ist nur noch wenige Stunden am Tag kognitiv und motorisch belastbar. Sie benötigt viele Ruhepausen und vermehrten Schlaf, auch über den Tag verteilt. Soziale Kontakte sind kaum noch möglich und die Haushaltsführung ist stark eingeschränkt.	• Pausenmanagement mit Analyse des Schlaf- und Ruheverhaltens; neue zeitliche und inhaltliche Pausenstruktur • Pacing • Externe Hilfen im Haushalt • Einbezug des sozialen Umfelds • Sensibilisierung für Stressoren und Verbesserung der Wahrnehmung von Belastungsanzeichen • Entspannungs- und Atemtechniken

Fallbeispiel: Frau H., eine 31-jährige Grafikdesignerin nach Mediateilinfarkt, konnte sich mit der „Methode der Orte" (Anderson 2013) problemlos eine Einkaufsliste merken, war jedoch nicht in der Lage, damit die Inhalte einer beruflichen Präsentation abzurufen. Mit der therapeutischen Strategievermittlung einer Mindmap (Winson et al. 2020) gelang ihr hingegen ein freier Vortrag, da sie so den thematischen Gesamtzusammenhang besser vor Augen hatte.

Berufliche (Wieder-)Eingliederung fordert daher einen permanenten Anpassungsprozess sowohl bei den Betroffenen als auch auf Seiten der Neuropsycholog:innen. Jeden neuen Arbeitsschritt und jede neue Aufgabe gilt es zu überprüfen, mit den Fähigkeiten und kognitiven Ressourcen abzugleichen sowie Unterstützungsmöglichkeiten zu finden und zu erproben. Ein regelmäßiges Feedback aus dem beruflichen Umfeld dient der Validierung der Selbstwahrnehmung und der realistischen Einschätzung von Arbeitssituationen.

Die Rückmeldungen von Kolleg:innen oder Vorgesetzten werden therapeutisch genutzt, um den konstruktiven Umgang mit Kritik zu fördern, die Unterscheidung zwischen selbst- und fremdverursachten Problemen zu unterstützen und sozial kompetentes Verhalten in herausfordernden Situationen zu stärken (Kühne 2007). In diesem Prozess übernehmen Neuropsycholog:innen häufig die Rolle von Mediator:innen. Sie vermitteln zwischen den unterschiedlichen Ansprüchen und Zielen und klären über notwendige Anpassungen auf. Denn nur mit dem Verständnis aller Beteiligten können leidensgerechte Bedingungen im beruflichen Alltag langfristig etabliert werden. Ein wichtiger Bestandteil ist die Psychoedukation. Sie erörtert Wissen über die Folgen der Hirnschädigung, deren Einfluss auf die Arbeitsfähigkeit, mögliche Kompensationsstrategien, aber auch Ressourcen. Dabei ist abzuwägen, welche Informationen transparent kommuniziert werden sollten und bei welchen eine zurückhaltende Darstellung sinnvoller ist – eine Entscheidung, die Erfahrung und Fingerspitzengefühl erfordert. Auch das berufliche Umfeld wird sensibilisiert, um dysfunktionale Reaktionen zu vermeiden, beispielsweise:

- Aphasiker:innen profitieren nicht davon, wenn Gesagtes lauter wiederholt wird.
- Menschen mit Gedächtnisstörungen erinnern sich nicht besser, wenn man sie darauf hinweist, etwas bereits mehrfach erklärt zu haben.
- Arbeitsanweisungen, die Personen mit Aufmerksamkeitsdefiziten „zwischen Tür und Angel" erhalten, gehen häufig verloren.

Mitunter kann es hilfreich sein, wenn Betroffene selbst ihr berufliches Umfeld über ihre Einschränkungen und Ressourcen informieren. So kann beispielsweise in einer Teamsitzung ein kurzer, therapeutisch vorbereiteter Vortrag gehalten werden, in dem auch Fragen der Kolleg:innen möglich sind. Dies stärkt nicht nur das gegenseitige Verständnis, sondern fördert auch Selbstreflexion, Krankheitsverarbeitung und Selbstwirksamkeit (vgl. Daniels-Zide und Ben-Yishay 2000). Alternativ kann eine schriftliche Information, etwa in Form einer E-Mail, den Wiedereingliederungsprozess, individuelle Ressourcen und Grenzen sowie notwendige Anpassungen erläutern – beispielsweise den neuen Bedarf an häufigeren Pausen oder an ungestörtem Arbeiten bei geschlossener Bürotür.

Bei psychophysischer Minderbelastbarkeit ist die Planung von Erholungszeiten essenziell. Die Betroffenen werden dafür sensibilisiert, individuelle Erschöpfungssymptome zu erkennen und Pausen rechtzeitig einzuhalten. Zudem können feste Zeitstrukturen oder technische Hinweisreize, wie Timer oder digitale Nutzungsbeschränkungen, hilfreich sein. Auch die Gestaltung der Pausen wird thematisiert: Tätigkeiten wie Telefonate oder das Bearbeiten von E-Mails, was früher durchaus nebenbei erledigt werden konnte, sind nun kontraproduktiv, da sie keine echte Regeneration ermöglichen. Sinnvolle Pausengestaltung ist individuell und reicht vom Spaziergang über Entspannungsübungen bis hin zu kurzen Schlafeinheiten. Da geeignete Ruheräume in Betrieben nicht immer vorhanden sind, werden gemeinsam Lösungen erarbeitet – etwa die Nutzung des eigenen Autos als Rückzugsort oder die zeitweise Reservierung des Aufenthaltsraums. In manchen Fällen kann auch die Einrichtung eines allgemeinen Ruheraums sinnvoll sein, von dem auch andere Mitarbeiter:innen profitieren.

Letztlich entscheiden die Betroffenen selbst, in welchem Maß sie ihre Einschränkungen offenlegen möchten. Sie können ein positives, ressourcenorientiertes Selbstbild vermitteln – mit dem Risiko der Überschätzung und Überforderung – oder ein realistisches Bild ihrer aktuellen Fähigkeiten und Grenzen (Kühne 2007). Gleiches gilt für die Bereitschaft, empfohlene Interventionen anzunehmen und umzusetzen.

Wenn kein Arbeitsverhältnis besteht, kann in der neuropsychologischen Behandlung eine berufliche Neuorientierung unterstützt werden. Grundlage hierfür ist eine umfassende Exploration der individuellen Fähigkeiten, Qualifikationen, kognitiven und physischen Einschränkungen sowie der persönlichen Interessen und Umfeldfaktoren. Manchmal liegt der letzte Bewerbungsprozess viele Jahre zurück, sodass eine Einbindung der Erstellung eines Lebenslaufs und eines Bewerbungsschreibens in die Therapie erforderlich ist. Hierbei können kognitive Funktionen trainiert und Kompensationsstrategien angewandt werden. Im Rahmen der Stellenakquise werden Funktionsbereiche wie visuelle Exploration, Ausdauer, Frustrationstoleranz und realistische Selbsteinschätzung benötigt. Eine neuropsychologische Intervention besteht daher in der systematischen Analyse und dem gemeinsamen Abgleich der geforderten Qualifikationen und Rahmenbedingungen mit dem individuellen Leistungsprofil der betroffenen Person. Für ein positives

Vorstellungsgespräch sind gute kommunikative Fähigkeiten, ein stabiler Selbstwert und eine ausreichende Krankheitsverarbeitung relevant. Zur Vorbereitung werden daher Übungen im Rollenspiel oder das Erarbeiten von Formulierungen zu den persönlichen Einschränkungen und dem Grad der Behinderung angewandt.

3.2.3 Arbeiten im Netzwerk, Unterstützung und Fördermöglichkeiten

Die berufliche (Wieder-)Eingliederung nach erworbener Hirnschädigung erfordert eine interdisziplinäre Zusammenarbeit. Neuropsycholog:innen begleiten die Betroffenen dabei nicht isoliert, sondern agieren innerhalb eines komplexen Netzwerks aus medizinischen, therapeutischen und beratenden Akteur:innen (Ärzt:innen, Therapeut:innen, Alltagsassistenzen, Beratungsstellen, Selbsthilfegruppen, Peer-Counceling etc.). Dies bietet vielfältige Chancen, etwa durch den Austausch komplementärer Fachperspektiven, stellt jedoch zugleich hohe Anforderungen an Kommunikation, Koordination und Verantwortungsabgrenzung. Manche Beteiligte sind bereits involviert, andere werden erst akquiriert und eingebunden.

Je nach individueller Situation der Betroffenen sowie den jeweiligen Rahmenbedingungen entscheiden Neuropsycholog:innen, mit welchen Akteur:innen eine engere Zusammenarbeit erforderlich und zielführend ist. Dabei werden der konkrete Auftrag, die therapeutische Zielsetzung, die vorhandenen Kapazitäten sowie die sozialen und ökonomischen Gesichtspunkte berücksichtigt (siehe Abb. 3.1).

Ein Vorteil der Netzwerkarbeit besteht auch in der Thematisierung und Koordination von Hilfen und Förderungen für die betroffenen Personen. Neuropsycholog:innen bringen in diesem Prozess ihre fachliche Expertise in Form von Empfehlungen und Stellungnahmen ein (beispielsweise zu Tätigkeits- oder Arbeitsplatz-

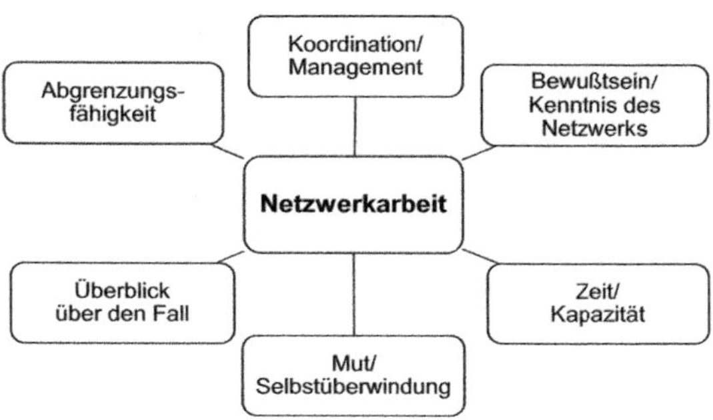

Abb. 3.1 Voraussetzungen für die eigene Netzwerkarbeit

anpassungen, Nachteilsausgleichen, Kraftfahrzeughilfen oder Arbeitsassistenzen). Ein Ziel der Netzwerkarbeit ist es zudem, die Netzwerkpartner durch psychoedukative Maßnahmen zu befähigen, die Betroffenen nach Beendigung der neuropsychologischen Begleitung bestmöglich weiter zu unterstützen („Neurokompetenz").

Der konkrete Aufbau und die Zusammensetzung des Netzwerks hängen auch von den gesetzlichen und regionalen Zuständigkeiten ab. Bei Vorliegen einer Schwerbehinderung (Grad der Behinderung [GdB] $\geq$ 50 bzw. GdB 30–40 bei Gleichstellung) können zusätzliche Unterstützungsstrukturen, wie der Integrationsfachdienst (IFD), einbezogen werden. Dieser fungiert als Schnittstelle zu Arbeitgeber:innen und Kostenträgern und unterstützt bei Fragen der Arbeitsplatzanpassung, Finanzierung von Inklusionshilfen oder der Bewilligung von Beschäftigungssicherungszuschüssen (BIH).[4]

3.3   Ambulante Neuropsychologie – Blickwinkel aus zwei verschiedenen Settings

Die neuropsychologische Unterstützung während des RTW variiert in Abhängigkeit vom jeweiligen Arbeitssetting der Neuropsycholog:innen – etwa in stationären oder ambulanten Rehabilitationseinrichtungen, neuropsychologischen Praxen oder bei spezialisierten Dienstleistern mit direkter Begleitung im beruflichen Alltag.

Bereits Goldstein (1919) unterschied zwei grundsätzliche Ansätze zur beruflichen (Wieder-)Eingliederung:

a) die abstrakte Methode, bei der einzelne psychische und körperliche Funktionen isoliert untersucht werden, um daraus Rückschlüsse auf die Gesamtleistungsfähigkeit zu ziehen und
b) die konkrete Methode, welche die Beobachtung der betroffenen Person in der tatsächlichen Arbeitssituation hervorhebt (Fischer und Küst 2009).

Die abstrakte Methode findet vorwiegend in frühen Rehabilitationsphasen (Phase B und C) Anwendung, in denen Teilleistungen auf Funktions- und Aktivitätsebene der ICF im Vordergrund stehen. In späteren Phasen (Phase D und E) sowie im ambulanten Kontext rückt dagegen bei der konkreten Methode die Partizipationsebene zunehmend in den Fokus. Durch die wohnortnahe Betreuung

---

[4] https://www.bih.de/integrationsaemter/aufgaben-und-leistungen/empfehlungen/,   zugegriffen am 21.01.2026.

können hierbei Aspekte des privaten, schulischen und beruflichen Alltags besser integriert werden.

Im Folgenden wird die konkrete Methode anhand zweier Arbeitssettings - neuropsychologische Praxis und direkte neuropsychologische Begleitung im beruflichen Alltag - näher dargestellt, welche unabhängig voneinander, parallel oder seriell zum Einsatz kommen können.

3.3.1   Ambulante neuropsychologische Begleitung aus dem Praxissetting

Das Praxissetting definiert spezielle zeitliche, räumliche und sozialrechtliche Rahmenbedingungen der neuropsychologischen Begleitung bei der beruflichen (Wieder-)Eingliederung. Kostenträger sind überwiegend gesetzliche und private Krankenversicherungen, Beihilfe, DGUV, seltener auch gegnerische oder private Versicherungen, Bundeswehr, Polizei und weitere Dienstherren. Für die Behandlung über gesetzliche Krankenversicherungen sind die Voraussetzungen durch die Richtlinie des Gemeinsamen Bundesausschusses (G-BA[5]) festgelegt. Die Behandlung erfolgt in einem therapeutischen Setting, meist über wöchentliche Sitzungen innerhalb der Praxis (Therapieeinheit 50 min, Doppeleinheiten sind bei Bedarf möglich). Ergänzend können neuropsychologische Gruppenangebote eingesetzt werden. In der Regel beginnt die neuropsychologische Behandlung deutlich vor dem RTW. Es besteht bereits eine therapeutische Beziehung, die möglicherweise zunächst auf einer anderen gemeinsamen Zieldefinition als der beruflichen Teilhabe basierte. In der frühen Behandlungsphase erfolgen die neuropsychologische Diagnostik sowie die Umsetzung therapeutischer restitutiver Ansätze durch gezieltes Training einzelner kognitiver Funktionen. Erste Kompensationsstrategien werden erarbeitet und in den Alltag übertragen. Auch werden hier durch die Einbeziehung des privaten Umfelds wie z. B. Lebenspartner:innen integrative Ansätze zur Umfeldanpassung angeregt. Die krankheitsbedingten Einschränkungen und Lebensveränderungen führen meist auch zu einer hohen emotionalen Belastung für die Betroffenen, sodass die psychotherapeutische Begleitung bei der Krankheitsverarbeitung, die Auseinandersetzung mit einem neuen Körper- oder Rollenbild ebenfalls zentrale Elemente der Therapie darstellen.

---

[5] https://www.g-ba.de/downloads/39-261-1415/2011-11-24_MVV-RL_NeuroPsych_BAnz.pdf, zugegriffen am 21.01.2026.

Erst bei ausreichender Stabilisierung und zeitlicher Belastbarkeit erfolgen dann gemeinsame Überlegungen zur Rückkehr in den Beruf. Befinden sich die Betroffenen nicht mehr in einem Anstellungsverhältnis oder in einer selbstständigen Tätigkeit, ist eine neuropsychologische Unterstützung außerhalb des Praxissettings angezeigt (s. Abschn. 3.3.2), bei welcher auch ein umfangreiches Coaching im Bewerbungsprozess oder die Unterstützung bei der beruflichen Neuorientierung umgesetzt werden kann.

Teilweise wird eine berufliche Erprobung auf Druck von außen initiiert, etwa durch das Auslaufen des Krankengeldanspruchs (nach 78 Wochen) oder durch Aufforderungen seitens der Kranken- oder Rentenversicherung bzw. der Bundesagentur für Arbeit. Aber auch durch ökonomische Aspekte wie das reduzierte Einkommen im Krankengeldbezug (70 % des Bruttoverdienstes) kann ein früherer Wiedereinstieg in den Beruf aus Sicht der Betroffenen oder deren Angehörigen erforderlich sein. Die äußeren Umstände für die Aufnahme der (Wieder-)Eingliederung beeinflussen den Prozess erheblich und sollten immer beachtet werden.

Die Vorbereitung des RTW basiert zunächst auf den von den Betroffenen bereitgestellten Informationen über ihre Arbeitssituation. In der Exploration werden Arbeitsplatz, Arbeitsprozesse und betriebliche Strukturen erfasst. Aufgrund kognitiver Einschränkungen ergeben sich hier manchmal Informationslücken, die zu Fehleinschätzungen der beruflichen Anforderungen führen. Bei größeren Unternehmen besteht die Option ergänzend Stellenbeschreibungen, Zwischenzeugnisse oder interne Materialien heranzuziehen. In Einzelfällen ist eine erste Kontaktaufnahme zu Vorgesetzten oder Kolleg:innen notwendig, um das Arbeitsplatzprofil realistisch einzuschätzen.

Nach der Analyse der Arbeitsanforderungen und dem Abgleich mit den individuellen Leistungsressourcen werden die zeitliche Struktur, Aufgabenfelder und Rahmenbedingungen geplant. Die Umsetzung erfolgt bei der GKV als stufenweise Wiedereingliederung nach § 74 SGB V (sog. „Hamburger Modell"). Der Stufenplan wird ärztlich (Haus- oder Fachärzt:in) auf dem Formular Muster 20 der kassenärztlichen Vereinigung festgehalten. Da aber die Koordination und Begleitung des Prozesses meist über die Neuropsycholog:innen erfolgt, ist es sinnvoll, dass aus der neuropsychologischen Praxis heraus ein schriftlicher Vorschlag zur Wiedereingliederung erstellt wird (siehe Abb. 3.2), der von den Ärzt:innen übernommen und im Formular eingepflegt werden kann. Nach Genehmigung durch Arbeitgeber:innen und Krankenversicherung beginnt die Wiedereingliederung. Auch bei der PKV kann ein Stufenplan zur Wiedereingliederung eingereicht werden, hier bestimmen die individuellen Versicherungsbedingungen, ob während einer Wiedereingliederung weiterhin Krankengeld bezogen werden kann. Bei Kostenträgern wie der DGUV oder Versicherungen wird anhand eines Wiederein-

Frau S. befindet sich seit dem 08.08.2024 in meiner neuropsychologischen Behandlung. Aufgrund der eingeschränkten Belastbarkeit und unter Berücksichtigung der noch notwendigen Therapien, schlage ich folgendes Vorgehen für die gestufte berufliche Wiedereingliederung vor:

Eingliederungsbeginn KW 8

Eingliederungswoche/ Datum	Arbeitstage/Woche	Arbeitszeit/Tag	
1.bis 2. Woche	4 x	2 h	1 Therapietag, 1 Tag Homeoffice
3.bis 5. Woche	4 x	3 h	1 Therapietag, 1 Tag Homeoffice
6.bis 8. Woche	4 x	4 h	1 Therapietag, 1 Tag Homeoffice
9. bis 11. Woche	5 x	4 h	2 Tage Homeoffice

Die weitere Stufung kann aus therapeutischer Sicht erst nach Erreichung der halbschichtigen Belastbarkeit geplant werden. Die Stufung wird therapeutisch begleitet, fortlaufend überprüft und dem aktuellen Leistungsstand von Frau S. angepasst.

Abb. 3.2   Wiedereingliederungsvorschlag von Frau S

gliederungsvorschlags das Vorgehen in enger Abstimmung mit den Rehaberater:innen geplant und eingeleitet.

Außerhalb des neuropsychologischen Settings findet sich häufig die Fehlannahme, eine Wiedereingliederung werde – ähnlich wie nach orthopädischen Erkrankungen – innerhalb weniger Wochen abgeschlossen. Das Formular Muster 20 unterstützt diese Vorstellung, da es lediglich eine grobe zeitliche Stufung über die tägliche Arbeitszeit ermöglicht. Eine individualisierte Planung, etwa mit reduzierter Anzahl von Arbeitstagen und damit zusätzlichen Erholungstagen, ist dort nicht vorgesehen.

In der Realität erfordert die Wiedereingliederung nach Hirnschädigung häufig eine fein abgestufte zeitliche Strukturierung über mehrere Monate. Bei starker Minderbelastbarkeit oder Fatigue kann sie sich über sechs Monate und länger erstrecken. Einige Kostenträger genehmigen Stufenpläne nur bis zu 70 % der ursprünglichen Arbeitszeit (entsprechend dem Krankengeld), was eine realistische Beurteilung der Leistungsfähigkeit unter Vollzeitbedingungen erschwert. Gerade die letzten 20–30 % der Arbeitszeitsteigerung sind nicht selten mit Überforderung und Symptomverschlechterung verbunden. Diese Phase benötigt eine besonders enge neuropsychologische Begleitung, regelmäßige Evaluation und Anpassung der Strategien.

Die enge Kooperation zwischen Neuropsycholog:innen, behandelnden Ärzt:innen, Arbeitgeber:innen und Kostenträgern ist daher essenziell. Ein zentrales Element sind Gespräche innerhalb des BEM-Verfahrens, an dem die Teilnahme der

Neuropsycholog:innen von den Betroffenen meist als unterstützend erlebt wird. Es ermöglicht den Therapeut:innen zudem Einblick in die betrieblichen Strukturen, was spätere Anpassungsprozesse erleichtert. Aufgrund organisatorischer Rahmenbedingungen ist eine direkte Teilnahme vor Ort jedoch nicht immer realisierbar; in diesem Fall findet eine sorgfältige Vor- und Nachbereitung des Gesprächs, gestützt durch Protokolle oder Rückmeldungen der Teilnehmenden statt.

Auch während der Wiedereingliederung wird ein regelmäßiges Feedback von Vorgesetzten und Kolleg:innen eingeholt, häufig über individualisierte strukturierte Fragebögen. Gleichzeitig dokumentieren die Betroffenen ihr Erleben von Leistungsfähigkeit, Belastung, Pausenmanagement und sozialer Interaktion. Diese Daten werden in den Therapiesitzungen reflektiert, um Über- oder Unterforderung frühzeitig zu erkennen und geeignete Anpassungen – etwa in Form von Kompensationsstrategien, Psychoedukation oder organisatorischen Veränderungen – einzuleiten.

Parallel dazu findet die Netzwerkarbeit statt (z. B. zu Therapeut:innen, Ärzt:innen oder Integrationsfachdiensten) – telefonisch oder schriftlich, über Termine in den Praxisräumen sowie in selteneren Fällen auch vor Ort.

Fallbeispiel: Frau S., eine 57-jährige Patientin nach Hirnblutung, arbeitet als Chefsekretärin in Vollzeit in einem Familienbetrieb. Sie war bisher verantwortlich für eingehende Telefonate am Empfang, die Terminkoordination, die Organisation von firmeninternen und -externen Veranstaltungen und die Vorsortierung erhaltener E-Mails für ihren Vorgesetzten. Zudem war sie für die schriftliche Korrespondenz zuständig und verschriftlichte die Diktate vom Band.

Das Leistungsprofil ergab Ressourcen in den exekutiven Funktionen; Frau S. brachte ein gutes Erinnerungsvermögen in Bezug auf Arbeitsprozesse, eine hohe soziale Kompetenz sowie eine gute Vernetzung innerhalb des Unternehmens mit. Leistungsbeeinträchtigungen zeigten sich im mittelfristigen Behalten neuer Informationen und der geteilten Aufmerksamkeit. Es bestand eine deutliche psychophysische Minderbelastbarkeit. Frau S. erlebte bereits nach 30 min konzentrierter Arbeit erste Ermüdungsanzeichen und reagierte bei Überlastung mit anhaltenden Kopfschmerzen.

Noch vor Kontaktaufnahme mit dem Arbeitgeber war hier früh ersichtlich, dass eine reine zeitliche Stufung für eine berufliche Wiedereingliederung nicht ausreichen wird. Zusammen mit Frau S. wurden zunächst die Aufgaben, bei denen ein hohes Maß an geteilter Aufmerksamkeit erforderlich war, wie der Telefon- und Empfangsdienst, ausgeschlossen. In Rücksprache mit dem Arbeitgeber konzen-

Frau S. befindet sich seit dem 08.08.2024 in meiner neuropsychologischen Behandlung. Seit dem 17.02.2025 wird eine gestufte berufliche Wiedereingliederung durchgeführt. Es konnte bisher eine Belastbarkeit von 4 Stunden an 4 Tagen erreicht werden. Eine Hinzunahme des 5. Arbeitstags/Woche führte zu einer Überlastung und verstärkter Schmerzsymptomatik. Daher empfehle ich für das weitere Vorgehen, unter Berücksichtigung der noch notwendigen Therapien und der eingeschränkten Belastbarkeit, zunächst die Beibehaltung eines Therapietages und die folgende angepasste Stufung:

Weiterführung Eingliederung ab KW 16

Eingliederungswoche/ Datum	Arbeitstage/Woche	Arbeitszeit/Tag	
09. bis 10. Woche	4 x	4,5 h	1 Therapietag, 1 Tag Homeoffice
11. bis 12. Woche	4 x	5 h	1 Therapietag
13. bis 16. Woche	5 x	5 h	2 Tage Homeoffice
17. bis 19. Woche	5 x	5,5 h	1 Tag Homeoffice
20. bis 22. Woche	5 x	6 h	1 Tag Homeoffice
23. bis 26. Woche	5 x	7 h	1 Tag Homeoffice
27. bis 29. Woche	5 x	7,5h	

Die Wiedereingliederung endet voraussichtlich am 08.09.2025

Abb. 3.3 Anpassung des Wiedereingliederungsvorschlags im Verlauf der Behandlung

trierte sie sich auf die Organisation von anstehenden firmeninternen Veranstaltungen. Hier konnte sie auf ihr Vorwissen und Routinen zurückgreifen. Aufgaben wurden in Checklisten übersichtlich gegliedert und sequenziell abgearbeitet. Mit steigender Wochenarbeitszeit und einem angepassten Pausenmanagement war nach und nach eine Hinzunahme von weiteren Arbeitsfeldern möglich.

Im weiteren Verlauf musste aufgrund von Überlastungssymptomen wie verstärkter Kopfschmerzen und Schwindel sowie massiver Erschöpfung am Nachmittag eine Anpassung des Stufenplans erfolgen (siehe Abb. 3.3)

Der Fall verdeutlicht, dass die ambulante neuropsychologische Begleitung im Praxissetting eine enge Abstimmung, fortlaufende Evaluation und flexible Anpassung des Wiedereingliederungsplans erfordert. Durch den bestehenden Arbeitsplatz und die Möglichkeit, Arbeitsfelder schrittweise zu erproben, war bei Frau S. die Begleitung aus der Praxis heraus gut möglich. Grenzen bestehen jedoch dort, wo eine intensivere, arbeitsplatznahe Unterstützung notwendig wird – etwa zur direkten Beobachtung und Steuerung des Arbeitsverhaltens sowie zur situativen Anpassung von Kompensationsstrategien. Diese Form der Begleitung wird im folgenden Kapitel näher beschrieben.

3.3.2 Ambulante neuropsychologische Begleitung direkt im beruflichen Alltag

Neben der Begleitung aus dem Praxissetting sind Neuropsycholog:innen auch direkt im beruflichen Alltag der Betroffenen aktiv. Diese Tätigkeit erfolgt entweder freiberuflich oder in Anstellung bei spezialisierten Dienstleistern mit dem Schwerpunkt der beruflichen Teilhabe und wird deutschlandweit bislang nur von wenigen Anbietern umgesetzt. Es handelt sich hierbei meist um Leistungen außerhalb der Heilkunde.

Mögliche Kostenträger sind DRV, DGUV, Integrations- und Inklusionsämter, Fachstellen für schwerbehinderte Menschen im Arbeitsleben, gegnerische oder private Versicherungen sowie die Agentur für Arbeit. Die Art, Dauer, Gestaltung, der Umfang sowie die Betitelung der neuropsychologischen Begleitung variieren in Abhängigkeit vom Kostenträger. So kann es sich um Rehabilitationsmaßnahmen, neuropsychologische Therapie und Nachbetreuung, neuropsychologisches Jobcoaching oder um Beratung handeln. Im Vergleich zum Praxissetting ist diese Form der Begleitung in der Regel deutlich intensiver und zeitaufwendiger, da Termine vorwiegend aufsuchend und je nach Bedarf über mehrere Stunden sowie durchaus mehr als einmal wöchentlich stattfinden.

Ein klarer Vorteil dieses Settings liegt in der Beobachtung und Beurteilung der Leistungsfähigkeit, Ressourcen und Hemmnisse der Betroffenen unter realen Arbeitsbedingungen. Die regelmäßige Präsenz der Neuropsycholog:innen am Arbeitsplatz ermöglicht einen kontinuierlichen, niedrigschwelligen Austausch mit den betrieblich Beteiligten. Dabei erhaltene Informationen werden unmittelbar berücksichtigt und verarbeitet. Zusätzlich finden Termine bei Bedarf auch außerhalb des Arbeitsplatzes – etwa im häuslichen Umfeld – statt, beispielsweise zur Besprechung sensibler Themen oder zur Vertiefung von Kompensationsstrategien, die im Arbeitskontext nicht ausreichend trainiert werden können. Dieses Setting bietet somit die Chance, alle relevanten Einflussfaktoren des privaten und beruflichen Alltags nicht nur theoretisch, sondern unmittelbar zu erfassen und gemeinsam mit den Betroffenen, den Angehörigen sowie den betrieblich Beteiligten zu erleben.

Vergleichbar mit dem neuropsychologischen Praxissetting erfolgen zu Beginn Anamnese, Exploration und Durchführung einer umfassenden oder ergänzenden neuropsychologischen Diagnostik. Auf Basis dieser Informationen und Ergebnisse definieren Neuropsycholog:innen anschließend gemeinsam mit den Betroffenen und weiteren Akteur:innen realistische Ziele der beruflichen Teilhabe. Hinsichtlich der Stufung der täglichen Arbeitszeiten bestehen in diesem Rahmen freiere Handlungsoptionen. Meist orientieren sich die Beteiligten an den Empfehlungen der

Neuropsycholog:innen. Während in früheren Rehabilitationsphasen eher standardisierte Gruppenangebote oder berufliche Erprobungen im geschützten Rahmen angeboten werden, ermöglicht dieses Setting eine differenzierte Überprüfung der individuellen Passung der Betroffenen zum komplexen Arbeitsmarkt. Eine einzelfallorientierte Erprobung ist insbesondere dann indiziert, wenn auf Grundlage funktionsdiagnostischer Befunde keine eindeutige Aussage über das qualitative oder quantitative berufliche Leistungsvermögen getroffen werden kann. Eine engmaschige Begleitung während der Erprobung ist dann einzuplanen (Fischer und Küst 2009).

Dabei bringen Neuropsycholog:innen in persönlichen Gesprächen vor Ort ihre fachliche Expertise ein, beispielsweise in Form von Psychoedukation und Beratung von Betroffenen, Angehörigen, Arbeitgeber:innen sowie Kolleg:innen zu beruflichen Teilhabeoptionen, Störungsbildern, Ressourcen und Interventionen. Das Training von Bearbeitungs- und Kompensationsstrategien im direkten Arbeitskontext, die Überprüfung der Umsetzung von Pausenmanagement sowie die Unterstützung bei der Ausübung beruflicher Aufgaben zählen ebenfalls zu den Kernleistungen.

Fallbeispiel: Bei Herrn U., einem 45-jährigen Briefzusteller, wurden nach einem Schädel-Hirn-Trauma beeinträchtigte exekutive Funktionen mittels einer neuropsychologischen Diagnostik erfasst. Zur Analyse von Stärken und Hemmnissen im realen Arbeitsleben begleitete die Neuropsychologin ihn mehrfach während der gesamten Abläufe seiner Tätigkeiten. Hierbei dominierten Schwierigkeiten bei der Planung der täglichen Zustellroute und bei der Flexibilität für Veränderungen (z. B. durch Baustellen, Sperrungen). Als Interventionen wurde die Route durch Apps und Grafiken visualisiert und funktionale Verhaltensstrategien bei unerwarteten Veränderungen direkt auf der Wegstrecke eingeübt. Durch Gespräche der Neuropsychologin mit den Vorgesetzten sowie psychoedukative Maßnahmen konnten Verständnis und Akzeptanz für die bestehenden Einschränkungen geschaffen werden. Darüber hinaus wurden fest terminierte, regelmäßige Feedbackgespräche zwischen Herrn U. und seinem Vorgesetzten etabliert und anfangs begleitet, um sowohl positive Entwicklungen als auch potenzielle weitere Schwierigkeiten zeitnah zu reflektieren und Lösungsmöglichkeiten zu erarbeiten. Das Arbeitsverhältnis konnte so langfristig gesichert werden.

Sofern kein Arbeitsverhältnis besteht, unterstützen Neuropsycholog:innen in diesem Setting die Betroffenen bei der beruflichen Neuorientierung sowie bei der Akquise von Arbeitserprobungen bzw. -stellen. Dies impliziert auch ein Bewerbungstraining, welches sowohl die Anpassung der Bewerbungsunterlagen als auch das gemeinsame Üben von Vorstellungsgesprächen inklusive einer angemessenen Kommunikation der Hirnschädigung und ihrer Folgen beinhaltet. Zusätzlich werden im Rahmen der Netzwerkarbeit bei Bedarf Arzt-, Therapie- oder Beratungstermine begleitet, um durch den persönlichen Austausch mit den Behandler:innen und Netzwerkpartner:innen ein abgestimmtes sowie effektives weiteres Vorgehen zu gewährleisten. Die Intensität der neuropsychologischen Unterstützung wird im Verlauf an die individuelle Entwicklung im Rahmen des beruflichen Teilhabeprozesses angepasst und im Sinne der Hilfe zur Selbsthilfe sukzessive reduziert. Ergänzend können Supervisionen von Co-Workern, Arbeits- oder Alltagsassistenzen angeboten werden, um eine nachhaltige, neurokompetente Unterstützung auch nach Beendigung der neuropsychologischen Begleitung sicherzustellen. Darüber hinaus werden neuropsychologische Empfehlungen zu weiterführenden Maßnahmen wie Qualifizierungsoptionen, zum Hilfsmittelbedarf oder anderen Therapien (z. B. Psychotherapie) ausgesprochen.

Zur langfristigen Sicherung der beruflichen Teilhabe ist eine niederfrequente neuropsychologische Nachbetreuung häufig förderlich. Bei Veränderungen der Lebensumstände oder der arbeitsrelevanten Faktoren sollte der neuropsychologische Unterstützungsumfang wieder überprüft werden. Dann kann gegebenenfalls erneut unmittelbar vor Ort interveniert oder alternativ durch eine neuropsychologische Behandlung im Praxissetting unterstützt werden.

3.4   Einflussfaktoren

Unabhängig von Rehabilitationsphase und Setting der neuropsychologischen Arbeit stellt sich seitens aller Beteiligten häufig die Frage nach der Prognose zum Erreichen der beruflichen Teilhabe, dem erforderlichen Interventionsumfang sowie der Dauer. Die Beweggründe hierfür sind vielfältig: finanzieller, zeitlicher und personeller Aufwand, psychische und physische Belastung, Auswirkung auf die weitere berufliche und soziale Zukunft.

Bevor jedoch prognostische Äußerungen überhaupt möglich sind, ist zunächst eine Erfassung aller relevanten Einflussvariablen nötig. Diese beinhaltet hirnschädigungsbedingte, personenbezogene und Umfeldfaktoren, welche den Verlauf und das Ergebnis des RTW wesentlich bestimmen. Dabei wird ICF-orientiert die Funktions-, Aktivitäts- und Partizipationsebene berücksichtigt.

Im Bemühen um die Erhöhung der prognostischen Genauigkeit werden teilweise im Reha-Setting Screening-Fragebogenverfahren eingesetzt (SIMBO-C, PAL). Diese dienen der Erfassung von besonderen beruflichen Problemlagen sowie von Arbeitsinhalten und Arbeitsplatzanforderungen aus neuropsychologischer Perspektive (Streibelt und Claros-Salinas 2017; Claros-Salinas und Streibelt 2016).

In verschiedenen Studien wurden zudem Einflussgrößen zum Outcome untersucht (Ben-Yishay und Prigatano 1990; Claros-Salinas 2023; Fries und Seiler 1998; La Rocca et al 1996; Wendel 2003). Als bedeutsame Prädiktoren konnten der Schweregrad der Hirnschädigung, die realistische Selbsteinschätzung (Awareness), Akzeptanz, Anpassungsfähigkeit und soziale Kompetenz eruiert werden. Auch die Beschäftigungsdauer bei bisherigen Arbeitgeber:innen zeigt prognostische Relevanz. Das Alter spielt hingegen eine geringere Rolle als zunächst in verschiedenen Studien angenommen (Fries und Seiler 1998), beeinflusst aber dennoch die Möglichkeiten der (Wieder-)Eingliederung.

Darüber hinaus werden psychosoziale Faktoren wie die Motivation der Betroffenen und ihrer Angehörigen, Unterstützung von Rehabilitationseinrichtungen und dem Arbeitsumfeld als Schlüsselelemente des (Wieder-)Eingliederungserfolgs benannt (Wehman et al. 1995).

Hemmend wirken psychische Vorerkrankungen, bestehende Konflikte am Arbeitsplatz, geringe Störungswahrnehmung und wenig etablierte Kompensationsstrategien.

Aber auch nach Einbezug aller erfassten Informationen sind Aussagen zum Gelingen der beruflichen (Wieder-)Eingliederung schwer zu treffen. Risse et al. (2012) sehen nach der ersten Rehabilitation nur geringe prognostische Möglichkeiten. Erst nach einer praktischen Erprobung erhöht sich die Einschätzbarkeit.

Zudem verbessert eine spezifische berufsorientierte neuropsychologische Therapie die Chancen auf die berufliche Reintegration (Guthke et al. 2012). Einzelfallbasierte therapeutische Vorbereitungen sind erforderlich zur Bestimmung eines angemessenen Wiedereinstiegszeitpunktes und -umfangs (Thöne-Otto und Klein 2024).

Jeder Fall ist somit durch ein dynamisches Zusammenspiel individueller Faktoren geprägt, die regelmäßig überprüft oder neu erhoben werden müssen. Im Folgenden werden aufgrund der Vielfalt nur ausgewählte Einflussvariablen differenziert beschrieben.

3.4.1 Faktoren der Hirnschädigung

Bezogen auf die Art der Hirnschädigung unterscheidet man zwischen akuten Ereignissen (z. B. Schädel-Hirn-Trauma, Schlaganfall) und chronischen (progredienten) Erkrankungen (z. B. Multiple Sklerose). Die Altersstruktur der Betroffenen variiert je nach Schädigungsart: Personen mit Schädel-Hirn-Trauma sind meist jünger als Personen mit neurodegenerativen Erkrankungen (z. B. Morbus Parkinson). Entsprechend unterschiedlich gestaltet sich die neuropsychologische

Unterstützung. Zudem werden die Möglichkeiten von Restitution und Kompensation von der Zeit seit der Schädigung beeinflusst (kürzlich gestellte vs. jahrelang bestehende Diagnose); auch erschwert eine lang zurückliegende Diagnosestellung (> 5 Jahre) den Zugang zur ambulanten neuropsychologischen Therapie im Rahmen der GKV-Versorgung.

Des Weiteren wirken sich Lokalisation, Ausmaß und Schweregrad der Hirnschädigung aus und führen zu heterogenen Leistungsprofilen. Dabei ist zu berücksichtigen, dass selbst leichte Schädel-Hirn-Traumata erhebliche Teilhabeeinschränkungen verursachen können.

Sekundäre Erkrankungen wie posttraumatische Epilepsie im Rahmen eines SHT (Zhong et al. 2025) oder post-stroke-Depressionen (Prävalenz $\approx$ 38 % im ersten Jahr; Liu et al. 2023) verstärken die Problematik. Die Schwierigkeiten nehmen zu, wenn im Verlauf eine weitere Hirnschädigung (z. B. eine zweite Hirnblutung) auftritt, welche bestehende Defizite verschlechtert oder neue hervorruft.

Bei chronisch-progredienten Erkrankungen müssen zunehmende Einschränkungen der kognitiven, physischen und psychischen Leistungsfähigkeit einkalkuliert werden. Nach akuten Ereignissen hingegen ist häufig eine Stabilisierung oder Verbesserung des Leistungsniveaus zu beobachten; ein späterer Anpassungsbedarf der Teilhabekonditionen resultiert dann eher aus Alterungsprozessen oder sekundären Folgeerkrankungen.

Fallbeispiel: Frau T., 48-jährige Bürokauffrau, mit schubförmiger MS, wurde zunächst in ihrem bisherigen Büro mit vier Arbeitsplätzen erfolgreich wiedereingegliedert, da nur leichte Störungen im Bereich der Aufmerksamkeitsfunktionen vorlagen. Nach erneutem Schub zeigten sich aber Beeinträchtigungen im Bereich der exekutiven Funktionen und die Ablenkungen durch die anderen Mitarbeiter:innen erschwerten das strukturierte Arbeiten sehr. Zudem war die Nutzung eines Rollstuhls erforderlich, der für die Platzverhältnisse in den bisherigen Räumlichkeiten zu groß war. Eine neue Lösung sah die Tätigkeit in einem ausreichend großen Einzelbüro vor, in welchem Frau T. ihre Arbeitspläne und Ablaufschemata für sich gut sichtbar aufhängen und strukturieren konnte sowie weniger akustischen und optischen Ablenkungen ausgesetzt war.

3.4.2 Personenbezogene Faktoren

Zu den zentralen personenbezogenen Einflussgrößen zählen prämorbide Persönlichkeit, Alter, Bildungsniveau sowie zusätzliche somatische oder psychische Erkrankungen. Darüber hinaus spielen internale Faktoren wie Motivation oder

Leistungsorientierung eine bedeutende Rolle. Übermäßiger Ehrgeiz kann zum Übergehen von Leistungsgrenzen und damit Überforderung führen, während ein Rentenbegehren oder ein sekundärer Krankheitsgewinn gegenteilige Effekte zeigen können. Ebenso entscheidend sind Bewältigungskompetenzen wie Resilienz, Anpassungsfähigkeit und Copingstrategien. Die subjektive Bewertung der neuen Lebenssituation – als Verlust, Bestrafung oder Chance – wirkt sich auch auf die Haltung zur beruflichen Teilhabe aus. Weiteren Einfluss nehmen die finanzielle Situation, das psychosoziale Entwicklungsstadium, die prämorbiden intellektuellen Fähigkeiten und das soziokulturelle Setting (Prigatano 2004).

3.4.3 Personenbezogene Faktoren im Arbeitsalltag

Arbeitgeber:innen setzen Grundkompetenzen wie Pünktlichkeit, Instruktionsverständnis, zügiges Arbeitstempo, Ausdauer und Belastbarkeit sowie eine kontinuierliche Steigerung der Leistungsfähigkeit als selbstverständlich voraus. Nach einer Hirnschädigung sind diese Fähigkeiten aber oftmals beeinträchtigt. Bei einem bestehenden Arbeitsverhältnis erfolgt unweigerlich der Vergleich zur prämorbiden Leistungsfähigkeit der Betroffenen, bei einem neuen Arbeitsverhältnis zur Leistungsnorm gesunder Kolleg:innen. Neben der Erwartungshaltung der Arbeitgeber:innen sind seitens der Betroffenen die Fähigkeit zum Ausgleich der hirnschädigungsbedingten Defizite, die sichere Anwendung von Kompensationsstrategien sowie eine ausreichende Awareness wichtige Einflussfaktoren. Teilweise entwickeln sich eine realistische Selbsteinschätzung von beruflichen Möglichkeiten sowie berufliche Erwartungshaltungen erst im Verlauf einer Erprobung durch den Erfahrungsprozess am Arbeitsplatz (Fischer und Küst 2009).

Auch die Identifikation mit dem Beruf und die innere Verbundenheit mit diesem sind relevant. Hiervon können das Selbstbild und die Lebenszufriedenheit abhängen. Dies wiederum nimmt Einfluss auf die Offenheit gegenüber möglichen beruflichen (Neu-)Orientierungen. Faktoren wie der prämorbide Leistungsstand (Berufsausbildung, Berufserfahrung) sowie der berufliche Status sind ebenso zu benennen. Die Akzeptanz der veränderten Leistungsfähigkeit und des damit teilweise verbundenen niedrigeren beruflichen Status kann von den Betroffenen als besondere Herausforderung erlebt werden.

Ebenso wirkt sich das Verhältnis der Betroffenen zu Kolleg:innen und Vorgesetzten vor und nach der Hirnschädigung auf das Verhalten aller Beteiligten aus. Sympathien, Konflikte sowie unterschiedliche Interessensverfolgungen prägen entsprechend die Bereitschaft zur Unterstützung.

Fallbeispiel: Frau P., eine 53-jährige Abteilungsleiterin, wurde nach zwei Jahren Arbeitsunfähigkeit infolge eines Hirntumors während ihrer beruflichen Rehabilitation damit konfrontiert, dass ihre ehemalige Auszubildende nun ihre neue Vorgesetzte war. Ihr fiel es sichtlich schwer, die Kollegin in ihrer neuen beruflichen Position zu akzeptieren. Darüber hinaus bestand bei ihr eine Aversion gegenüber ihrer damaligen Auszubildenden. Sie hatte sich zuvor mit der Situation nur arrangiert, weil sie davon ausging, dass diese das Unternehmen nach ihrer Ausbildungszeit wieder verlässt. Das war jedoch nicht geschehen, weshalb Frau P. in der aktuellen Situation mit einer Person zusammenzuarbeiten musste, die sie prämorbid schon nicht gerne um sich hatte und welche ihr nun hierarchisch übergeordnet war.

Einen weiteren Aspekt stellen Störungen des Sozialverhaltens und der sozialen Kompetenzen dar, welche insbesondere nach Frontalhirnschädigungen häufig vorkommen. Hierzu zählen die Kontaktfähigkeit, der adäquate Umgang mit Kolleg:innen und Vorgesetzten sowie die Reaktion auf Kritik. Rückmeldungen werden dann nicht selten als persönliche Kränkung statt als konstruktive Information erlebt und führen zu emotionalen Überreaktionen. Auch eine reduzierte Krankheitseinsicht ist nach diesen Schädigungen nicht selten und kann zu unrealistischen Einschätzungen von Arbeitsverhalten und -ergebnissen führen. Auffälligkeiten oder Fehler werden von den Betroffenen meist external attribuiert, sodass Ursachen unabhängig von der eigenen Leistung gesucht werden. In der Folge werden mitunter Sicherheitsvorschriften missachtet oder Regelverstöße bagatellisiert– teils ohne Bewusstsein für die damit verbundenen Risiken. Dies bringt sowohl Selbst- als auch Fremdgefährdungen mit sich und führt im betrieblichen Kontext zu ernsthaften Konsequenzen bis hin zur Kündigung.

Fallbeispiel: Bei Herrn E., einem 34-jährigen Produktionsmitarbeiter, bestand nach einem Schädel-Hirn-Trauma eine reduzierte Krankheitseinsicht sowie ein dysfunktionales Sozialverhalten. Während einer Arbeitserprobung bei seinem Arbeitgeber zeigte er bei ihm entgegengebrachter Kritik völliges Unverständnis und erklärte Fehler seinerseits damit, dass seine Kolleg:innen ihm die Aufgaben nicht richtig erklärt hätten. Innerhalb von Round-Table-Gesprächen reagierte er zunehmend aufgebracht und beleidigte sogar die Kolleg:innen und Vorgesetzten. Mithilfe intensiver neuropsychologischer Unterstützung direkt im beruflichen Alltag erreichte Herr E. sukzessive eine verbesserte Krankheitseinsicht. Jedoch waren die Gemüter der anderen Beteiligten im Unternehmen trotz therapeutischer und mediatorischer Interventionen durch die Neuropsychologin inzwischen nicht mehr zu besänftigen. Zu viele respektlose Verhaltensweisen hatten ein so negatives Bild von Herrn E. geprägt, dass eine Zusammenarbeit auf lange Sicht nicht mehr vorstellbar erschien. Aufgrund dieser Entwicklung sahen weder der Kostenträger noch die am Rehabilitationsprozess Beteiligten (bis auf den Betroffenen selbst) eine realis-

tische Chance auf eine Fortführung des Arbeitserprobung. Die neuropsychologische Begleitung direkt im beruflichen Alltag wurde an dieser Stelle beendet. Gemeinsam traf man die Entscheidung für eine ambulante neuropsychologische Behandlung im Praxissetting. Ziele bestanden in der weiteren Verbesserung sozialer Kompetenzen sowie einer Erhöhung der Frustrationstoleranz. Je nach Therapieverlauf sollte entschieden werden, ob eine zweite Erprobung an einem anderen Arbeitsplatz beim aktuellen Arbeitgeber oder bei anderen Arbeitgeber:innen sinnvoll ist. Dies beinhaltete zum gegebenen Zeitpunkt eine erneute Überprüfung der Wiederaufnahme der neuropsychologischen Unterstützung direkt im beruflichen Alltag.

3.4.4 Umfeldfaktoren

Unabhängig von den Faktoren der Hirnschädigung und der betroffenen Person, beeinflussen strukturelle und organisationale Rahmenbedingungen die berufliche Teilhabe. Dazu zählen Arbeitsmarktlage, Sozial- und Personalpolitik oder wirtschaftliche Situation der Unternehmen. Seitens der Arbeitgeber:innen sind die grundlegende Bereitschaft und die Möglichkeiten der Umsetzung einer beruflichen (Wieder-)Eingliederung relevant. Sie benötigen eine realistische Aussage zum zeitlichen und personellen Aufwand sowie zu potenziellen Schwierigkeiten. Hiervon ist die Einschätzung abhängig, ob die Mitarbeiter:innen für das Unternehmen langfristig noch „tragbar" oder „profitabel" sind. Selbst bei besten Absichten und den bemühtesten Arbeitgeber:innen kann es bei wirtschaftlichem Druck des Unternehmens passieren, dass ein leidensgerechtes Arbeitsverhältnis langfristig nicht zu gewährleisten ist. Des Weiteren verfügen Großunternehmen in der Regel über mehr Ressourcen zur Arbeitsplatzumgestaltung und zur Tätigkeitsanpassung als Kleinbetriebe. Zudem sind räumliche und organisatorische Bedingungen zu prüfen: So ist die Flexibilität der Arbeitszeiten und Pausen abhängig von betrieblichen Konditionen. Beispielsweise ist es bei Produktionsbetrieben nicht realistisch, Maschinen aufgrund von benötigten Pausen des Mitarbeiters zwischenzeitlich anzuhalten, da dies negative wirtschaftliche Konsequenzen für das Unternehmen bedeuten würde. Weitere Fragen sind: Gibt es Rückzugsmöglichkeiten und Optionen für Entspannung und Ruhe? Sind schriftliche anstelle von mündlichen Arbeitsanweisungen umsetzbar? Wie sieht es mit der Erreichbarkeit des Arbeitsplatzes aus? Können die Betroffenen die Arbeitsstätte mit dem eigenen PKW aufsuchen oder sind sie auf den öffentlichen Personennahverkehr angewiesen? Werden Kraftfahrzeughilfen oder ein Fahrdienst benötigt und bestehen hierfür Kostenübernahmeoptionen?

Auch das soziale Betriebsklima ist von hoher Relevanz. Kommunikationsbereitschaft und Verständnis von Vorgesetzten und Kolleg:innen beeinflussen den (Wieder)-Eingliederungsverlauf.

Fallbeispiel: Herr N., ein 46-jähriger Lagerist, kehrte nach erlebtem Schädel-Hirn-Trauma im Rahmen einer beruflichen Wiedereingliederung mit neuropsychologischer Unterstützung zurück in seine alte Tätigkeit. Es fanden hierbei wöchentliche Feedbackgespräche mit den direkten Vorgesetzten und Kolleg:innen sowie zweimonatliche Round-Table-Gespräche mit einem direkten Vorgesetzten, einem Kollegen, einem Vertreter der Personalabteilung, der Schwerbehindertenvertretung, des Betriebsrats, des Kostenträgers und dem unterstützenden Neuropsychologen statt. In den wöchentlichen Feedbackgesprächen erhielt Herr N. ausschließlich positive Rückmeldungen zu seinen Leistungen. Der Neuropsychologe wies die Beteiligten regelmäßig darauf hin, dass durchaus auch kritische Aspekte benannt werden sollen, um gemeinsam nach Lösungen zu suchen. Es blieb jedoch bei rein positivem Feedback. Im zweiten Round-Table-Gespräch hingegen führte ein Kollege mehrere negative Aspekte an, wie beispielsweise nicht umgesetzte Arbeitsanweisungen und eine Reduktion der Leistungsfähigkeit im Vergleich zum prämorbiden Leistungsstand. Es stellte sich heraus, dass bei den Kolleg:innen aufgrund eines freundschaftlichen Verhältnisses zu Herrn N. von Beginn an Bedenken aufkamen, Kritik an den Leistungen zu äußern sowie die Sorge vor negativen Auswirkungen auf die Freundschaft und die berufliche Zukunft ihres Freundes bestand. Die Tatsache, dass Herr N. auf diese Weise keine Kompensationsstrategien erlernen und eine leidensgerechte Anpassung der Tätigkeit erfahren konnte, hatten sie trotz der Aufklärung durch den Neuropsychologen nicht ausreichend hoch bewertet.

Das private Umfeld spielt ebenfalls eine zentrale Rolle im (Wieder-)Eingliederungsprozess. Dabei ist das Maß der Unterstützung von Familien und Freund:innen, deren Verständnis für die Auswirkungen der Hirnschädigung sowie deren eigene Belastung entscheidend. Veränderungen in Rollenverteilungen, Beziehungsmustern und Verantwortlichkeiten erfordern zudem eine Anpassung des gesamten sozialen Gefüges an den veränderten privaten und beruflichen Alltag. Bei geringen sozialen Kontakten oder einer zurückgezogenen Lebensweise sind hingegen Unterstützungsmöglichkeiten durch das Umfeld stark reduziert.

3.4.5 Tätigkeitsbezogene Faktoren

Mittels einer Arbeitsplatzanalyse und -beschreibung werden kognitive, psychische und physische Anforderungen identifiziert. Diese umfassen Aspekte wie Schichtdienst, Arbeiten auf Leitern und Gerüsten, Heben und Bewegen von schweren Lasten, Maschinenbedienung, Außendienst ebenso wie Anforderungen an Gedächtnisleistungen oder an Fähigkeiten zur Handlungsplanung.

Zudem sind Informationen zur Barrierefreiheit, zum Publikumsverkehr, Hitze oder Kälte, Staub oder Gerüchen, Lärm und Stress zu berücksichtigen.

„Auf der Basis der Arbeitsplatzbeschreibung können Hypothesen zu besonderen neuropsychologischen Anforderungen der einzelnen Arbeitsaufgaben und Arbeitsbedingungen entwickelt werden. Diese können im Rahmen einer Erprobung überprüft werden oder erste Hinweise für einen möglichen Trainings-, Kompensations- oder Adaptationsbedarf am Arbeitsplatz liefern" (Fischer und Küst 2009, S. 391).

So bedingen beispielsweise Blendempfindlichkeiten erforderliche Abdunklungsmöglichkeiten am PC-Arbeitsplatz. Hitze kann bei Menschen mit MS durch das Uthoff-Syndrom weniger gut toleriert werden. Hier kommen Hilfsmittel wie Kühlwesten oder -manschetten zum Einsatz.

Arbeits- und sozialmedizinische Leistungsbeurteilungen unterstützen darüber hinaus die Entscheidung, ob Aufgabenfelder oder spezifische Tätigkeiten ausgeschlossen werden müssen (z. B. Nachtdienste bei zirkadianen Belastungsschwankungen).

3.5 Wege und Optionen nach Erreichen der beruflichen Teilhabe

Auch nach erfolgreicher beruflicher (Wieder-)Eingliederung können gesundheitliche, private oder arbeitsbezogene Veränderungen eine erneute Anpassungsleistung erfordern. Daher ist es „für Hirngeschädigte … häufig weniger schwierig, einen Arbeitsplatz zu finden, als ihn auch auf Dauer zu behalten" (Fischer und Küst 2009, S. 401). Eine frühzeitige Kommunikation bei aufkommenden Schwierigkeiten ist deshalb essenziell, um Konflikten vorzubeugen. Bei längerer Arbeitsunfähigkeit (> 6 Wochen) kann eine weitere Wiedereingliederung oder ein BEM-Verfahren initiiert werden. Bei Arbeitsplatzgefährdung sollten abermals Fördermaßnahmen im Sinne einer Leistung zur Teilhabe am Arbeitsleben geprüft werden.

Im Praxissetting ist eine niederfrequente, neuropsychologische Nachbetreuung in vielen Fällen sinnvoll, um Stabilität zu sichern, rechtzeitig auf Veränderungen einzugehen und den Umgang mit der veränderten Situation zu erlernen. Von Seiten der gesetzlichen Krankenversicherung bestehen keine zeitlichen Begrenzungen für Unterbrechungen neuropsychologischer Therapie, sodass auch langfristige Verlaufskontrollen (z. B. jährlich) möglich sind. Nach Therapieabschluss werden Beratungen in der neuen Arbeitssituation über „psychotherapeutische Gespräche" (EBM-Ziffer 23220) abgerechnet. Einige Praxen bieten darüber hinaus Ehemaligentreffen an, um Hemmschwellen für eine erneute Kontaktaufnahme zu senken.

Bei der neuropsychologischen Begleitung direkt im beruflichen Alltag gibt es bei Kostenträgern wie der DGUV und der DRV auch Nachbetreuungsaufträge. Seit Inkrafttreten des Bundesteilhabegesetzes in 2017 (BTHG[6]) gehört die Nachsorge sogar zur Pflichtleistung, wodurch sich der Zugang zu entsprechenden Angeboten zunehmend verbessert.

Eine gute Vernetzung und Übergabe zwischen neuropsychologischen Praxen und Neuropsycholog:innen mit Tätigkeit im direkten beruflichen Alltag gewährleistet eine kontinuierliche Verlaufskontrolle und erhöht die Chancen auf eine Sicherung der beruflichen Teilhabe.

---

[6] https://www.bmas.de/DE/Soziales/Teilhabe-und-Inklusion/Rehabilitation-und-Teilhabe/Bundesteilhabegesetz/bundesteilhabegesetz.html, zugegriffen am 21.01.2026.

Fazit und Ausblick 4

Die berufliche und soziale Teilhabe stellt ein zentrales Ziel der neuropsychologischen Arbeit dar und bildet eine entscheidende Brücke zwischen medizinischer Rehabilitation und der Rückkehr in ein selbstbestimmtes Leben. Durch die Heterogenität von Hirnschädigungsfolgen, die individuellen Lebens- und Arbeitssituationen der Betroffenen, ihre psychischen Kapazitäten sowie die äußeren Rahmenbedingungen des Gesundheitssystems gestalten sich berufliche (Wieder-) Eingliederungsprozesse komplex. Sie gelingen nur, wenn alle Beteiligten – Betroffene, Therapeut:innen, Ärzt:innen, Arbeitgeber:innen, Kostenträger und das soziale Umfeld – gemeinsam an einem Strang ziehen und die individuellen Voraussetzungen, Ressourcen, Grenzen und Einflussfaktoren realistisch berücksichtigen.

Die Erfahrungen aus der Praxis zeigen, dass die neuropsychologische Begleitung in der Phase der beruflichen (Wieder-)Eingliederung weit über die reine Therapie einzelner kognitiver Funktionen hinausgeht. Sie erfordert die Kombination aus klinischem Fachwissen, psychotherapeutischer Kompetenz, sozialrechtlichem Verständnis und intensiver Netzwerkarbeit. Neuropsycholog:innen übernehmen dabei häufig eine moderierende und koordinierende Rolle zwischen den verschiedenen Systemen – medizinisch, beruflich, sozial und rechtlich. Die Dynamik der gesetzlichen und sozioökonomischen Rahmenbedingungen und Strukturen fordert dabei von Neuropsycholog:innen immer wieder Anpassungs- und Lernprozesse. Dies alles macht das neuropsychologische Arbeiten im Rahmen der beruflichen Teilhabe vielfältig und inspirierend.

Dennoch bestehen weiterhin strukturelle Herausforderungen. Durch mangelnde Übergänge an den Schnittstellen der Kostenträger oder Rehabilitations- und Therapieleistungen kommt es noch zu Verzögerungen oder Unterbrechungen in der

C. Franzheim, M. Mosch, *Ambulante Neuropsychologie im Bereich der beruflichen Teilhabe*, essentials,
https://doi.org/10.1007/978-3-662-73359-2_4

neuropsychologischen Begleitung. Zudem ist nicht für alle Betroffenen eine Kostenträgerzuständigkeit gegeben – insbesondere dann, wenn der ursächliche Kontext der Hirnschädigung nicht klar einem Versicherungssystem (z. B. der gesetzlichen Unfallversicherung, Rentenversicherung, Krankenversicherung) zuzuordnen ist. In diesen Fällen bleibt den Betroffenen oftmals nur die Möglichkeit, neuropsychologische Leistungen als Selbstzahler in Anspruch zu nehmen – ein Angebot, das sich nur wenige leisten können. Dadurch entstehen Lücken in der Versorgung und Ungleichheiten in der Teilhabechance.

Hinzu kommt, dass die Versorgungslage regional sehr unterschiedlich ist. Während in Ballungsgebieten ein breiteres Angebot an ambulanten neuropsychologischen Behandlungsplätzen existiert, sind die Ressourcen in ländlichen Regionen deutlich begrenzter. Lange Anfahrtswege, Wartezeiten und geringe Kapazitäten erschweren eine kontinuierliche und auf die Teilhabeziele abgestimmte Begleitung. Diese Ungleichverteilung macht deutlich, wie wichtig der weitere Ausbau ambulanter Strukturen und tele-neuropsychologischer Angebote ist, um eine flächendeckende und wohnortnahe Versorgung sicherzustellen. Es braucht hierfür mehr Neuropsycholog:innen und Neuropsychotherapeut:innen, die insbesondere auch im Prozess des RTW aktiv sind.

Zukunftsweisend ist daher eine stärkere Verankerung der beruflichen Teilhabe im neuropsychologischen Selbstverständnis sowie in der Aus- und Weiterbildung. Die enge Zusammenarbeit mit den Kostenträgern, die Weiterentwicklung von Behandlungspfaden sowie von Konzepten zur nachhaltigen Nachsorge sind essenziell, um Überforderungen der Betroffenen zu vermeiden und Teilhabeergebnisse langfristig zu sichern.

Abschließend lässt sich festhalten:

Berufliche und soziale Teilhabe ist kein einmalig festgelegtes Ziel, sondern ein fortlaufender Prozess, der individuelle Anpassung, realistische Zielsetzung und interdisziplinäre Kooperation erfordert. Neuropsycholog:innen leisten hier einen unverzichtbaren Beitrag. Damit diese Arbeit ihre volle Wirksamkeit entfalten kann und eine lückenlose sowie bedarfsorientierte neuropsychologische Begleitung angeboten werden kann, braucht es jedoch verlässliche Strukturen und Netzwerke, klare Zuständigkeiten und einen gleichberechtigten Zugang für alle Betroffenen – unabhängig von Wohnort, Kostenträger oder finanzieller Situation.

Was Sie aus diesem *essential* mitnehmen können

- Berufliche (Wieder-)Eingliederung bietet in ihrer Vielschichtigkeit ein erfüllendes Arbeitsfeld für Neuropsycholog:innen
- Der gesamte Prozess der beruflichen (Wieder-)Eingliederung verläuft individuell und erfordert bedarfsgerechte Anpassungen von allen Beteiligten
- Neuropsycholog:innen benötigen umfangreiche Kenntnisse, die über das rein neuropsychologische Fachwissen hinausgehen
- Die Rahmenbedingungen, rechtlichen Voraussetzungen, Kostenstrukturen und spezifischen Angebote für Menschen mit erworbener Hirnschädigung bei der beruflichen (Wieder-)Eingliederung sind dynamisch
- Netzwerkarbeit ist unerlässlich

Glossar

AHB	Anschlussheilbehandlung
BEM	Betriebliches Eingliederungsmanagement
BBW	Berufsbildungswerk: Erstausbildung von Menschen mit Beeinträchtigungen im Rahmen der beruflichen Rehabilitation (weiterführende Information www.bagbbw.de)
BFW	Berufsförderungswerk: Unterstützung bei einer beruflichen Neuorientierung nach Krankheit oder Unfall (weiterführende Informationen www.bv-bfw.de)
BTHG	Bundesteilhabegesetz
Co-Worker	Mitarbeiter:innen am Arbeitsplatz, die Betroffene aus dem Betrieb heraus unterstützen
DGUV	Deutsche Gesetzliche Unfallversicherung
DRV	Deutsche Rentenversicherung
EBM	Einheitlicher Bewertungsmaßstab: Honorarsystem der vertragspsychotherapeutischen Versorgung
EUTB	Ergänzende unabhängige Teilhabeberatung: bietet Menschen mit (drohenden) Behinderungen Beratung und Unterstützung bei Fragen zur Teilhabe an
Freizeitassistenz	Unterstützung für Menschen mit Behinderungen bei der Teilhabe an Freizeitaktivitäten; Finanzierung durch die Eingliederungshilfe oder das persönliche Budget
GKV	Gesetzliche Krankenversicherung
GOÄ	Gebührenordnung für Ärzte

ICF	Internationale Klassifikation der Funktionsfähigkeit, Behinderung und Gesundheit
IFD	Integrationsfachdienst
ME/CFS	Myalgische Enzephalomyelitis/Chronisches Fatigue-Syndrom
MS	Multiple Sklerose
PAL	Profilabgleich von Arbeitsplatzanforderungen und aktuellem Leistungsvermögen
Peer Counceling	Beratungsform, bei der Menschen mit ähnlichen Erfahrungen oder Lebenssituationen sich gegenseitig unterstützen
Persönliches Budget	Geldleistung, die anstatt oder in Kombination mit Sachleistungen beantragt werden kann, um selbstbestimmt Assistenzleistungen zu finanzieren
PEM	Post-Exertionelle Malaise (Verschlechterung der Symptomatik bei bereits geringer körperlicher und/oder geistiger Anstrengung, Eintritt kann unmittelbar oder mit einer zeitlichen Latenz von ca. 12–48 h auftreten)
PKV	Private Krankenversicherung
RTW	Return to work
SHT	Schädel-Hirn-Trauma
SIMBO-C	Screening-Instrument zur Feststellung des Bedarfs an Medizinisch-Beruflich Orientierter Rehabilitation bei Chronischen Erkrankungen
Soziotherapie	Ambulante Leistung der Krankenkassen für Menschen mit schweren psychischen Erkrankungen zur Unterstützung bei der Wahrnehmung von Behandlungen und der sozialen Integration
UV-GOÄ	Gebührenordnung für Ärzte in der Unfallversicherung
WfbM	Werkstatt für Menschen mit Behinderungen
WfMeH	Werkstatt für Menschen mit erworbener Hirnschädigung
WHO	Weltgesundheitsorganisation

Literatur

Anderson, J. R. (2013). *Kognitive Psychologie*. Heidelberg: Springer Verlag.

Ben-Yishay, Y., & Prigatano, G. P. (1990). Cognitive remediation. Ib E. Griffin, M. Rosenthal, M. R. Bond, J. D. Miller (Hrsg.) *Rehabilitation of the Adult and Child with Traumatic Brain Injury* (S. 393–409). F. A. Davis, Philadelphia.

Claros-Salinas, D. (2023). Berufliche Teilhabe und Wiedereingliederung in der Neurorehabilitation. *Fortschritte der Neuropsychologie*, 25. Göttingen: Hogrefe Verlag.

Claros-Salinas, D., & Streibelt, M. (2016). *Profilabgleich von Arbeitsanforderungen und Leistungsvermögen (PAL): Ein Instrument zur Unterstützung der MBOR-Therapiesteuerung in der neurologischen Rehabilitation.* DRV Schriften 109: S. 223–224.

Daniels-Zide, E. & Ben-Yishay, Y. (2000). Therapeutic Milieu Day program. Critical issues in neuropsychology. In A.-L. Christensen & B. P. Uzzell, *International Handbook of Neuropsychological Rehabilitation* (S. 183–193), Kluwer Academic/ Plenum Publishers, New York, 2000.

Finauer, G., Frommelt, P., Genal, B., Grötzbach, H., Keller, I., Kühne, W., & Kulke, H. (2019). Der störungs- und der kompetenzorientierte Ansatz in der neuropsychologischen Rehabilitation. *Therapiemanuale für die neuropsychologische Rehabilitation* (S. 2). Heidelberg: Springer Verlag.

Fischer, S., & Küst, J. (2009). Berufliche Wiedereingliederung. In W. Sturm, M. Herrmann & T. F. Münte (Hrsg.), *Lehrbuch der Klinischen Neuropsychologie* (S. 379–406). Heidelberg: Spektrum Akademischer Verlag.

Fries, W., & Seiler, S. (1998). Erfolg ambulanter neurologischer/neuropsychologischer Rehabilitation: Berufliche Wiedereingliederung nach erworbener Hirnschädigung. *Neurologie & Rehabilitation*, 4 (3–4), S. 141–147.

C. Franzheim, M. Mosch, *Ambulante Neuropsychologie im Bereich der beruflichen Teilhabe*, essentials, https://doi.org/10.1007/978-3-662-73359-2

Fries, W., Schwenk-Eschenlohr, K., & Reuther, P. (2017). Zurück ins Erwerbsleben: Strategien für die berufliche Wiedereingliederung. In W. Fries, P. Reuther & H. Lössl (Hrsg.), *Teilhaben!! NeuroRehabilitation und Nachsorge zu Teilhabe und Inklusion* (2., aktualisierte und erweiterte Aufl., S. 245–264). Bad Honnef: Hippocampus Verlag.

Frommelt, P., & Lösslein, H. (2010). Ein Praxisbuch für interdisziplinäre Teams. *NeuroRehabilitation*, 3. Heidelberg: Springer Verlag.

Goldstein, K. (1919). *Die Behandlung, Fürsorge und Begutachtung der Hirnverletzten.* Leipzig: F.C.W. Vogel.

Guthke, T., Jäckle, S., & Claros-Salinas, D. (2012). Eine Pilotstudie zur Evaluation einer neuropsychologischen Berufstherapie. *Neurologie & Rehabilitation*, 18, S. 291–302.

Kühne, W. (2007). Kompetenzorientierte Therapie. In G. Finauer (Hrsg.), *Therapiemanuale für die neuropsychologische Rehabilitation* (S. 215–256). Heidelberg: Springer Verlag.

La Rocca, N. G., Kalb, R. C., & Gregg, K. (1996). A program to facilitate retention of employment among persons with multiple sclerosis. *Work*, 7 (1), S. 37–46. https://doi.org/10.3233/WOR-1996-7106.

Liu, L., Xu, M., Marshall, J., DA Wolfe, C., Wang, Y., & Dl O'Connell, M. (2023). *Prevalence and history of depression after stroke: A systematic review and meta-analysis of observational studies.* PLoS Med. https://doi.org/10.1371/journal.pmed.1004200.

Prigatano, G. P. (2004). Prozess und Outcome neuropsychologischer Rehabilitation. *Neuropsychologische Rehabilitation.* Heidelberg: Springer Verlag.

Prigatano, G. P., Klonoff, P. S., O'Brien, K. P., Altman, I. M., Amin, K., Chiapello, D., Shepherd, J., Cunningham, M. & Mora, M. (1994). Productivity after neuropsychologically oriented milieu rehabilitation. The Journal of Head Trauma Rehabilitation, 9 (1), S. 91–102.

Reuther, P., Hendrich, A., Kringler, W., & Vespo, E. (2012). Die neurologische Rehabilitations-Phase E: Nachgehende Leistungen zur sozialen (Re-)Integration und Teilhabe – ein Kontinuum? *Die Rehabilitation*, 51 (06), S. 424–430. Stuttgart: Georg Thieme Verlag. https://doi.org/10.1055/s-0032-1327726.

Risse, G., Boerkel, B., & Reuther, P. (2012). Ambulante/mobile berufliche Wiedereingliederung in der Neurologie: Ein Beitrag zur Gestaltung der Neurologischen Rehaphase E. *Neurologische Rehabilitation*, 18 (5). Bad Honnef: Hippocampus Verlag.

Streibelt, M., & Claros-Salinas, D. (2017). *Nutzung des SIMBO Screenings bei der Vorhersage der beruflichen Wiedereingliederung bei Personen mit neurologischen Erkrankungen nach der Phase D-Rehabilitation.* DRV Schriften 111; S. 54–56.

Thöne-Otto, A., & Klein, T. (2024). Neuropsychologische Interventionen. In T. Teismann, P. Thoma, S. Taubner, A. Wannemüller, & K. von Sydow, (2024). *Klinische Psychologie und Psychotherapie: Ein verfahrensübergreifendes Lehr- und Lernbuch* (S. 315–326). Göttingen: Hogrefe Verlag.

Van Velzen, J. M., Van Bennekom, C. A. M., Edelaar, M. J. A., Sluiter, J. K., & Frings-Dresen, M. H. W. (2009). How many people return to work after acquired brain injury?: A systematic review. *Brain Injury*, 23 (6), S. 473–488. https://doi.org/10.1080/02699050902970737.

Wallesch, C.-W., & Kulke, H. (2017). *Schädel-Hirn-Trauma. Neurologische Rehabilitation und Neuropsychologie.* Stuttgart: Kohlhammer.

Wehman, P. H., West, M. D., Kregel, J., Sherron, P., & Kreutzer, J. S. (1995). Return to work for persons with severe traumatic brain injury: A data-based approach to program development. *J Head Traum Rehabil*, 10, S. 27–39.

Wendel, C. (2003). *Berufliche Reintegration nach Hirnschädigung.* http://elib.suub.uni-bremen.de/diss/docs/E-Diss531_wendel.pdf.

Winson, R., Wilson, B.A., & Bateman, A. (2020). *Rehabilitation nach Hirnschädigung. Ein Therapiemanual.* Göttingen: Hogrefe Verlag.

Zhong, J., Lan, Y., Sun, L., Zhao, Z., Liu, X., Ren, L., Zuo, Q., Wei, X., & Dou, X. (2025). Global prevalence of post-traumatic epilepsy in traumatic brain injury patients: a systematic review and meta-analysis. *Neuroscience.* https://doi.org/10.1016/j.neuroscience.2025.07.008.

Weiterführende Literatur

Fries, W., Reuther, P., & Lössl, H. (2017). *Teilhaben!! NeuroRehabilitation und Nachsorge zu Teilhabe und Inklusion.* Bad Honnef: Hippocampus Verlag.

Frommelt, P., Thöne-Otte, A., & Grötzbach, H. (2024). Ein Praxisbuch für Interdisziplinäre Teams. *NeuroRehabilitation,* 4. Heidelberg: Springer Verlag.

Schellhorn, A., Pössl, J., Kursawe, U., & Goldenberg, G. (2005). Therapeutische Supervision während der beruflichen Wiedereingliederung nach erworbener Hirnschädigung. *Neurol Rehab* 11 (2): S. 57–64.

Schellig, D., Drechsler, R., Heinemann, D., & Sturm, W. (2009). *Handbuch neuropsychologischer Testverfahren*: Band 1: Aufmerksamkeit, Gedächtnis und exekutive Funktionen. Göttingen: Hogrefe Verlag.

Sturm, W., Herrmann, M. & Münte, T. F. (2009). Grundlagen, Methoden, Diagnostik, Therapie. *Lehrbuch der klinischen Neuropsychologie.* Spektrum Akademischer Verlag.

Teismann, T., Thoma, P., Taubner, S., Wannemüller, A., & Von Sydow, K. (2024). *Klinische Psychologie und Psychotherapie: Ein verfahrensübergreifendes Lehr- und Lernbuch.* Göttingen: Hogrefe Verlag.

Thoma, P., & Suchan, B. (2020). *Klinische Neuropsychologie im ambulanten Setting. Eine Einführung für Psychotherapeutinnen und Psychotherapeuten.* Wiesbaden: Springer Verlag.

GPSR Compliance

The European Union's (EU) General Product Safety Regulation (GPSR) is a set of rules that requires consumer products to be safe and our obligations to ensure this.

If you have any concerns about our products, you can contact us on ProductSafety@springernature.com

In case Publisher is established outside the EU, the EU authorized representative is:

Springer Nature Customer Service Center GmbH
Europaplatz 3
69115 Heidelberg, Germany

Batch number: 10202686

Printed by Printforce, the Netherlands